Ore mientras camina

Cómo prepararse para las caminatas de oración

Randy Sprinkle

Traducido por
Josie de Smith

Editorial Mundo Hispano

Editorial Mundo Hispano
Apartado 4256, El Paso, Texas 79914, EE. UU. de A.

www.editorialmh.org

Ore mientras camina. © Copyright 2002, Editorial Mundo Hispano. 7000 Alabama St., El Paso, Texas 79904, Estados Unidos de América. Traducido y publicado con permiso. Todos los derechos reservados. Prohibida su reproducción o transmisión total o parcial, por cualquier medio, sin el permiso escrito de los publicadores.

Publicado originalmente en inglés por New Hope Publishers. Birmingham, Alabama, bajo el título *Follow Me, Lessons for Becoming a Prayerwalker,* © Copyright 2001 por New Hope Publishers.

Las citas bíblicas han sido tomadas de la Santa Biblia: Versión Reina-Valera Actualizada. © Copyright 1999, Editorial Mundo Hispano. Usada con permiso.

Editora: Alicia Zorzoli
Diseño de la portada: Carlos Santiesteban

Primera edición: 2002
Clasificación Decimal Dewey: 242.726
Tema: Oración

ISBN: 0-311-40065-5
EMH Núm. 40065

5 M 8 02

Impreso en EE. UU. de A.
Printed in U.S.A.

A los que oraron intercediendo por este libro

Conocidos por Dios porque fueron un regalo de él.

Él nos los dio, luego ellos mismos se dieron durante años para que este libro llegara a sus manos.

Rindo homenaje a su amor y a su sacrificio, y me sentiré siempre en deuda con ellos.

Índice

Prólogo por Steve Hawthorne 7

Introducción 11

Semana 1: El caminar con Dios 19

Semana 2: Seguidores de Jesús como oracaminantes (*) 37

Semana 3: Cómo orar por la voluntad de Dios para el mundo 55

Semana 4: Caminatas de oración como un ministerio en la comunidad 73

Semana 5: Caminatas de oración y la oposición del enemigo 91

Semana 6: Caminatas de oración para que *todo* el mundo sepa 109

¿Cómo puede usted llegar a ser un oracaminante? ...131

Guía para el facilitador 132

(*) Hemos decidido acuñar el término *oracaminante* para designar a todo aquel hijo de Dios que participa en esta maravillosa experiencia de la caminata de oración. Quiera Dios que, así como a los primeros soldados de Cristo se los llamó "cristianos" en Antioquía, muchos de nosotros seamos conocidos como "oracaminantes".

Prólogo

Por Steve Hawthorne
Coautor de *Caminata en oración: Oramos en el lugar donde queremos la victoria*

La caminata de oración es tan sencilla que la única enseñanza que usted necesita es la que lo previene de que llegue a ser algo complicado. El problema es que somos complicados de por sí. Por eso necesitamos un libro como este. Noto tres maneras en que somos complicados con respecto a la oración. Cada una de dichas maneras ha sido explicada en las páginas de este libro.

La primera complicación en la oración que noto en la actualidad es que por lo general preferimos un mediador. Pareciera ser que creemos que obtendremos mejores resultados si otra persona es la que se acerca a Dios en nuestro nombre. Es cierto, a Dios le encanta que oremos intercediendo los unos por los otros, pero es fácil caer en la pereza y dejar que otro ore por lo que nosotros deberíamos orar. Esto tiene tanto sentido como permitir que otro coma por usted. Aunque la Biblia es clara en que hay "un mediador" (¡cuéntelo: uno! 1 Tim. 2:5), nos gusta la conveniencia o la comodidad de tener a alguien experto, en un nivel más elevado de oración, para que solucione nuestros pedidos urgentes.

Segundo, por lo general preferimos aprender un procedimiento de oración cuyos resultados estén garantizados. Nos gusta tener a la oración como una opción para resolver problemas en casos de emergencia, en lugar de convertirla en una parte integral de nuestra vida, como lo es el respirar. Algo así como tener un martillo para romper el vidrio donde está el matafuegos en caso de un incendio.

Nuestra tercera complicación es tener a la oración como un programa. La vida religiosa programada se estructura de manera tal que las cuestiones espirituales son relegadas a ciertas áreas, horas y a ciertos edificios. La conferencia sobre misiones es una vez por año. La reunión de oración es cierta noche entre semana. Y así sucesivamente. Nuestra vida ha estado dividida en compartimientos por tanto tiempo que no podemos imaginarnos lo que sería una vida en Dios de 24 horas por día, 7 días por semana. A algunos les suena como que tendrían que ir a la iglesia todo el tiempo. Pero caminar con Dios todo el día todos los días puede ser justamente aquello para lo cual fuimos creados. Puede ser la vida que usted siempre ha anhelado.

Prepárese para la aventura, porque el libro de Randy Sprinkle le guía paso a paso (literalmente) por una senda en que se coloca usted junto a Dios y se suma a él para llenar toda la tierra con su gloria.

En cuanto a la primera complicación de querer un mediador, la idea misma de caminar con Dios indica una relación íntima. No se necesita ninguna pericia porque tiene que ver con lo poderoso que es Dios y con cuán cercano él está, más bien que con lo inteligentes o avanzados que seamos nosotros.

Usted está tan calificado en tanto y en cuanto esté cerca de Dios. He aquí algo maravilloso: Este libro se basa en la notable suposición de que Dios quiere realmente condescender a caminar con personas como usted y como yo. ¡Adelante! ¡Asómbrese! No debería ser así. Es posible que tenga que cambiar totalmente sus expectativas: Este libro no lo certificará como un intercesor de nivel más elevado. En realidad todo se trata de que Dios desciende al nivel de la calle. En los términos expresados por el Salmo 18, no es tanto que Dios adiestre nuestras "manos para la batalla" (v. 34) a fin de que lleguemos a ser expertos de la oración. En realidad se trata de que "tu [de Dios] condescendencia me ha engrandecido" (v. 35).

Con respecto a la segunda complicación, nuestra afición por los procedimientos, puede desilusionarlo si quiere recetas o garantías. Aquí no hay técnicas para hacer que Dios actúe con rapidez. No hay fórmulas para librarse de males particulares. En cambio, prepárese para una vida entera de caminar con Dios. Aprenderá usted algunas maneras sabias y seguras de orar con persistencia y con más y más esperanza. Aprenderá a orar con las Escrituras y a orar enfocando los propósitos de Dios en lugar de orar sobre sus problemas.

En cuanto a nuestra costumbre de relegar la oración a un programa, usted estará orando fuera del entorno convencional. Si usted camina con Cristo a fin de seguirlo, orará más allá de los motivos de oración obligados, fechados, encajonados y enlistados. Orará de maneras que sobrepasan los confines de la parte previsible programada de su vida que quizás usted haya llamado su "vida de oración". Camine hasta llegar bien lejos siguiendo a Jesús, como este libro sugiere, y no podrá distinguir la parte de su vida que es la oración porque la incluirá en todo. Quizá pierda interés en orar antes de emprender algo. Se encontrará con que la oración llega a ser la manera como hace todas las cosas.

Tome con seriedad el título de este libro. No se trata de hacer proezas de oración para asombrar a sus amigos y llenar los bancos del templo. Es una invitación muy personal de Cristo mismo. Él no le pide que lo copie, que lo imite en unas cuantas decisiones éticas. Él lo llama a ir con él como compañero y cómplice en el cumplimiento de su misión. Al seguir a Cristo, se encontrará con que no se trata meramente de orar al aire libre. Se trata de orar marchando adelante hacia la culminación del propósito de Dios en todo el mundo.

En un día o dos de haber empezado a leer este libro, usted se encontrará orando fuera de las paredes de su casa. Estará orando fuera de los cultos y de los edificios de la iglesia. Orará fuera de límites que no sabía que existían. Porque con cada paso que da estará alineando su vida con Cristo; podrá regocijarse en la idea de orar más allá de las fronteras de su propio país, bendiciendo a gente en tierras distantes. Al orar según la voluntad de Dios, sus oraciones comenzarán a sujetarse al cumplimiento del propósito de Dios: que Cristo sea conocido y seguido por muchos en todos los grupos de personas sobre la tierra. Su vida se simplificará porque se centrará en lo que más importa: Cristo y su gloria.

Steve Hawthorne
Austin, Texas

Introducción: Un nuevo día

—¿Qué planes tienen para el viernes a la noche? —preguntaron nuestros vecinos.

La pregunta nos pareció casi absurda. ¿Qué seminarista tiene dinero para salir un viernes a la noche? Era la primavera de 1975 y mi esposa y yo estábamos estudiando en Fort Worth, Texas, preparándonos para ir como misioneros al África.

—No, no tenemos planeado nada especial —respondimos.

—Entonces, ¿les gustaría ir con nosotros a una reunión de oración?

Por la obra soberana de Dios, la oración ya se había convertido en una pasión en nuestra vida a la vez que era una oportunidad de tener una gozosa comunión con el Salvador a quien amábamos. En realidad, una reunión de oración el viernes a la noche apelaba mucho más a nosotros que salir a cenar o ir al cine. Cuando llegó el momento, caminamos a la casa de nuestros vecinos y fuimos con ellos a una sencilla casita de madera. Adentro nos encontramos con unos cuatro o cinco hermanos más. La conversación pasó enseguida a la razón por la cual estábamos reunidos.

El sector céntrico alrededor de la calle principal de Fort Worth a mediados de la década de 1970 era un área llena de bares, espectáculos de *strip-tease*, salas de pornografía y librerías de libros "adultos", además de un centro de prostitución y venta de drogas. En respuesta a una preocupación nacida de Dios por la gente del sector, al igual que por los que eran atraídos a él desde toda la metrópolis que comprende Dallas-Fort Worth, este pequeño núcleo de hombres y mujeres habían empezado a buscar a otros que sintieran la misma preocupación. Aquel sector era un lugar de oscuridad y esclavitud al pecado, y los que lo frecuentaban necesitaban la luz liberadora de Cristo. En las semanas siguientes, la oración y el diálogo dieron como resultado un plan para realizar un ministerio. Ninguno de nosotros tenía experiencia en ministerios "en la calle", y el grupo estaba conformado equitativamente entre aquellos de nosotros que pensábamos ser misioneros y los que se preparaban para el pastorado. No obstante, Dios nos estaba guiando claramente a que saliéramos a las calles de esta ciudad. Nos sentíamos totalmente inadecuados para la tarea, pero estábamos dispuestos a hacerla. Aunque no teníamos idea de cómo empezar, en realidad habíamos comenzado correctamente. Lo que llegaría a ser un fructífero ministerio se había iniciado del modo en que debería hacerlo cada ministerio de la iglesia de Cristo: con discípulos de rodillas buscando su plan y su poder, con un corazón dispuesto y ansioso por seguirlo.

Una demora inesperada

Pronto surgió un patrón para nuestras actividades. Cada viernes, un equipo ayunaba orando con fervor mientras cumplíamos nuestros horarios en el seminario y en nuestros trabajos. A las 6:30 de la tarde el equipo se reunía para orar juntos como preparación antes de salir a las calles. Para las 8:00 u 8:30 de la noche, ya nos encontrábamos en el centro, caminando y hablando con hombres y mujeres en el ambiente de fiesta de la noche, compartiendo con ellos la verdad del amor liberador de Dios, invitándolos y exhortándolos a recibir a Cristo como el nuevo Señor de sus vidas. Los primeros meses de la obra fueron emocionantes y a la vez frustrantes. Conocíamos la verdad. La compartimos lógica y apasionadamente. Ganamos muchas discusiones, pero no estábamos ganando a nadie para el Señor. Además de este dolor, iba surgiendo otro problema.

En las primeras semanas, conversamos constantemente con lo que parecía un flujo incesante de personas. Pero, lentamente, nos empezamos a percatar de que los que frecuentaban aquel sector ya nos conocían y no se interesaban por hablar con nosotros. Donde antes hablábamos durante horas con la gente acerca del amor de Dios y la salvación que él les ofrecía, ahora caminábamos durante horas teniendo escasas conversaciones sobre el Salvador. Las sugerencias de usar el tiempo extra para orar más nos puso frente a un dilema. Creíamos que las oraciones enfocadas y reverentes requerían rostros inclinados y ojos cerrados. ¿Cómo podíamos orar y al mismo tiempo seguir caminando por las calles? Comprometer la gloria de Dios no era una opción. Con cuidado, sin darnos cuenta en aquel momento, empezamos a desarrollar una teología práctica sobre la oración en-el-mundo.

¿Por qué inclinábamos el rostro cuando orábamos? Para expresar reverencia por la gloria y la maravillosa grandeza de Dios. ¿Cómo podíamos dejar de hacerlo? Dios nos mostró que inclinar nuestro rostro en oración ciertamente lo complacía pero, en realidad, era meramente una proyección externa de una actitud interna. A él le interesaba y le complacía más nuestro corazón inclinado en reverente humildad y dependencia. Habiendo comprendido esto, podíamos ahora levantar nuestros rostros al caminar y orar en las calles.

Pero, ¿qué hacer con la costumbre de cerrar los ojos al orar? Todos coincidimos en que lo hacíamos como un hábito aprendido que tenía su lado práctico: nos permitía dejar afuera al mundo para poder enfocarnos más plenamente en el Señor (y ciertamente andábamos caminando y ministrando en un lugar lleno de tentaciones y distracciones mundanas). ¿Cómo podríamos enfocarnos en la oración en un lugar así si abríamos los ojos? La respuesta del Señor fue un reto singular y doble.

"Pruébenlo y verán".

Así lo hicimos e inmediatamente empezamos a ver lo que nunca antes habíamos visto.

Un nuevo camino

Caminar entre la gente y conversar con ella había sido nuestro método para comunicar el evangelio salvador a un mundo perdido. Seguíamos caminando y conversando, pero ahora lo hacíamos con Dios en pro de este mismo mundo perdido. Y esto hizo que todo fuera distinto. Nuestras oraciones preparatorias, tanto personales como juntos en equipo, habían sido y seguían siendo esenciales. Pero este orar mientras caminábamos nos brindó un nuevo nivel de encuentro con Dios al conmoverse nuestros corazones para orar intercediendo personalmente con más intensidad y más directamente por la gente que veíamos y con la cual nos encontrábamos. Estábamos conmovidos. Dios estaba conmovido. Y muy pronto descubrimos que la gente en la calle que recorríamos estaba conmovida. ¿Pero cómo puede ser que las oraciones con los ojos abiertos resultaban más enfocadas cuando parecería que las distracciones harían que lo fueran menos?

A mediados de la década de 1990, un ex misionero me contó de su regreso a su patria para pastorear una iglesia grande. Aunque era indudable que había sido llamado por Dios a este nuevo ministerio, la experiencia del primer año no fue lo que él había esperado. En lugar de adaptarse a su nueva función, pronto se sintió exhausto y desesperado. Justo en ese momento el doctor Bill Bright, fundador de Cruzada Estudiantil para Cristo, llegó a la iglesia para cumplir con una invitación que se le había extendido mucho tiempo atrás. Luego, durante la comida del domingo, la conversación se derivó a la situación imposible del pastor y a la pregunta:

—Doctor Bright, ¿cómo mantiene y aun aumenta su fuerza con una carga que sé que es muchísimo mayor que la mía?

La respuesta del doctor Bright fue palabra de Dios que dio comienzo a un nuevo día y a un nuevo camino en su ministerio.

—¿Ha oído hablar alguna vez del Espíritu Santo? —fue su respuesta.

Años antes, en las calles de Fort Worth, también nosotros encontramos nuestra respuesta en el ministerio del Espíritu Santo. Cuando salimos al mundo con corazones limpios, preparados, ansiosos y dispuestos a ser la iglesia en el mundo, descubrimos que el mundo había perdido su poder de distraernos e inhibirnos. El Espíritu de Cristo podía ahora guiarnos y nosotros responderíamos. Libres de las trabas en nosotros, él nos capacitó para ver lo que nunca antes habíamos visto y para orar como nunca antes habíamos orado. Las evidencias tangibles de este nuevo "orar con percepción *in situ*" como lo llama Steve Hawthorne, coautor del libro *Prayerwalking* (Caminata en oración), no se hicieron esperar. Aun en un sencillo saludo o en la inocente pregunta: "¿Cómo está?" podíamos notar una diferencia en la gente. Había un ablandamiento; la dura caparazón de resistencia hacia Dios, de pronto se había suavizado. Había apertura. Podíamos verlo. Podíamos decir una palabra de amor, brindar un auténtico toque de cariño.

La oración que se elevaba cerca de las personas del mundo era usada por Dios para acercarlas a él; pronto los muertos en pecado estaban naciendo de nuevo a una nueva vida. Aunque aún no habíamos oído la expresión, estábamos realizando caminatas de oración. Y tal como Jesús enseñó a sus discípulos, estábamos viendo venir su reino.

Un poco de historia sobre este nuevo camino

Toda vez que surge un movimiento nuevo y gana adeptos, los historiadores empiezan a estudiar sus orígenes. Una característica bendita del fenómeno moderno de las caminatas de oración es la ausencia de todos los elementos básicos históricos. No hay un primer líder catalítico. No hay un lugar ni fecha de nacimiento identificables. Aun el que acuñó la expresión "caminata de oración" se ha perdido en la historia. Lo que sí sabemos es que la línea de tiempo parece comenzar a mediados de la década de 1970 y, al observar lo ocurrido entonces, vemos los elementos esenciales que tenemos que conocer sobre los orígenes de esta actividad actual llamada caminata de oración.

A mediados de la década de 1970, intercesores diseminados en varias partes del mundo, empezaron a ser llamados fuera de la iglesia y aun fuera de sus cámaras de oración para ir al mundo. Esta primera actividad no fue iniciada por individuos ni por organizaciones, y ocurrió simultáneamente sin que unos supieran que había otros que ya realizaban caminatas de oración. Resulta evidente que el iniciador de toda oración (Jesús) era el autor de esta nueva iniciativa de oración. Tenía una propósito divino en su centro, y su momento de nacer fue de acuerdo con el tiempo del reino. Desde las calles de ciudades en el Lejano Oriente hasta las veredas de Fort Worth, Texas, Jesús estaba saliendo a las calles (apropiándose de las calles), y hombres y mujeres estaban oyendo y obedeciendo su llamado: "Sígueme".

Sobre este estudio

Quizás usted no esté tan seguro de cómo llegó a este momento inicial. Es posible que no haya sabido qué es una caminata de oración al comprometerse a comenzar este estudio. Pero de esto puede estar seguro: Usted llegó hasta aquí por una cita divina y es parte de la obra soberana de Dios en esta época. Su propósito principal a lo largo de las próximas semanas no será solamente aprender *sobre* qué es una caminata de oración, sino cómo *llegar a ser* un oracaminante. Este libro en sus manos tiene el propósito de dar mayor significación al proceso. Las historias que contiene son testimonios verídicos de caminatas de oración.

La estructura de estos estudios es sencilla y las lecciones son breves. Cada semana tiene cinco estudios a realizarse individualmente. En cualquier día dado, se debe cumplir con una sola lección. Los estudios en sí llevan alrededor de media hora para completarse, pero la integración de las verdades y prácticas correlacionadas en su vida serán una actividad continua a lo largo del estudio y después de él. Le animamos a avanzar en estos estudios conjuntamente con otros hermanos. Reúnase semanalmente con un grupo pequeño de creyentes del mismo sentir para dialogar sobre lo que Dios le ha dicho y hecho durante sus oraciones y estudios. Se incluye una guía para el facilitador al final de este libro. Si todavía no cuentan con un facilitador, elijan a alguien para cumplir esta función de capacitador o consideren la posibilidad de turnarse para dirigir al grupo cada semana.

La oración intercesora es interceder por otros, y las caminatas de oración son oraciones intercesoras en-el-mundo. En nuestra sociedad autoguiada y egocéntrica, la inclusión de interés y cuidado por otros es incongruente. En cambio, en la vida guiada por Dios y centrada en Dios, el amor para con los demás lo invade todo. Al avanzar en estos estudios reconocerá el cambio en la orientación de su vida. Orar mientras camina no es una actividad más para agregar a su vida ya demasiado llena de actividades. En cambio, su fruto es vaciar y aligerar la vida. Encontrará más tiempo, menos presiones y más paz y amor al seguir a Cristo en estas caminatas de oración. Sea entusiasta y obediente de corazón y venga el reino de Dios a su vida siempre en formas más enriquecedoras y profundas, y que lo mismo suceda en toda la tierra, y pronto. Amén.

Bases

Nuestro estudio está diseñado para que sea utilizado por individuos que estudian diariamente, ponen en práctica lo que aprenden y luego se reúnen con un grupo pequeño para dialogar, aclarar y aumentar su comprensión, y para realizar juntos caminatas de oración.

El estudio de cada día está estructurado en tres partes:
Comienzos
A lo largo del día
Reflexiones vespertinas

Comienzos. Esta sección debe ser cumplida como lo primero que hace cada mañana, de lunes a viernes inclusive. Esto es para optimizar la integración de lo que ha aprendido al aplicarlo al ir realizando su trabajo diario, y a fin de preparar a todos los integrantes del grupo para la reunión semanal en algún momento del fin de semana. Si los horarios de trabajo y de clase lo requieren, este tiempo de oración puede ser cambiado, adaptando el día y el horario de acuerdo a las necesidades de los participantes. La cuestión es completar el estudio "Comienzos" al iniciar su día, sea cuando fuere.

A lo largo del día. Estos son pensamientos o indicaciones para utilizar al ir realizando sus tareas durante el día, con la intención específica de dejar que Dios integre a su vida cotidiana las verdades que ha aprendido. Se requiere una fuerte disciplina personal para que esta actividad sea todo lo beneficiosa que puede ser. Tenga a mano su libro y haga una pausa en distintos momentos durante el día para repasar lo que ha de hacer en compañía de Dios ese día. Él hará lo demás.

Reflexiones vespertinas. En general, como sociedad, la reflexión nos es extraña, pero no debe serlo. Reflexionar significa sencillamente "volver a pensar" o "considerar". Puede hacerlo exitosamente en una de estas dos maneras: 1) Dedique diez minutos cada noche para pensar en el día que pasó y en sus experiencias de caminatas de oración, y tome notas de ellas. O, 2) Escriba durante el día, en las líneas provistas, las observaciones o experiencias, a medida que estas ocurren.

En la semana tres, notará el agregado de un cuarto elemento diario: *La caminata de oración de hoy.* Se le animará cada día, como parte del estudio de ese día, a realizar una breve caminata de oración personal. Al hacerlo, estará edificando sobre las verdades aprendidas al ser usado por Dios para extender su reino de amor en el mundo.

Todos estos estudios han sido estructurados para ajustarse bien a su momento devocional matutino. Si esta disciplina esencial es una lucha para usted en esta etapa de su vida, esto le ayudará a arrancar. Recuerde, hemos de disciplinarnos a nosotros mismos con el propósito de llegar a ser más como Cristo. Si levantarse treinta minutos antes cada día parece imposible, aquí va una solución sencilla. Acuéstese treinta minutos antes la noche anterior. Dios con frecuencia nos despierta, pero levantarnos queda a nuestro cargo. Pida su ayuda. Luego, a medida que se la brinda, disciplínese en hacer lo que debe.

Al final de estas pocas semanas se asombrará ante la diferencia en su vida al obedecer el llamado de Jesús: "Sígueme".

Semana 1

El caminar con Dios

<u>VERSÍCULO CLAVE</u>

¿Qué requiere de ti Jehovah? Solamente hacer justicia, amar misericordia y caminar humildemente con tu Dios (Miq. 6:8a).

<u>Esta semana:</u>
- aprenderemos el propósito original de Dios para nosotros
- comprenderemos cómo se cumple el propósito de Dios
- aprenderemos principios básicos para nuestro caminar diario
- conoceremos a nuestro Guía
- aprenderemos el camino

Semana 1: Día 1
El propósito de Dios para nosotros

Comienzos

Inclínese en oración; dele gracias a Dios por el camino que está tomando. Invítelo a guiarlo en todos los descubrimientos que él tiene reservados para usted.

Vance Havner dijo en cierta oportunidad: "Estar constantemente en movimiento sin llegar a ninguna parte no solo se aplica a las mecedoras; hay mucha gente que vive de esa manera". Nuestro mundo nos dice que nos realizamos cuando progresamos y obtenemos cosas materiales. Este es nuestro propósito según la sociedad. ¿Y cuál es la manera de lograrlo? Por medio de la actividad constante. La Palabra de Dios nos presenta un cuadro muy distinto.

> *En el principio, ¡fuimos creados para caminar con Dios!*

Abra su Biblia y lea el Salmo 46:10. ¿Qué es lo primero que Dios dice que hemos de hacer? _____

Tenemos que dejar de afanarnos, detener nuestro activismo y estar quietos en su presencia. En este lugar, de este modo, podemos empezar a conocerle y entender su propósito para nosotros.

En los primeros capítulos de Génesis, leemos el relato de los actos creadores de Dios: luz y tierra, seres vivientes tanto pequeños como grandes, plantas en una variedad aparentemente sin fin. Y en medio de todo, colocó el pináculo de su creación: al ser humano. Creados por Dios a su imagen, tenemos características que nos distinguen de otros seres vivientes. La mayor de éstas es que hemos sido creados con un espíritu. Como Dios es Espíritu, este elemento espiritual de nuestro ser hace posible el privilegio más grande de toda la existencia humana: tener una comunión real con el maravilloso, infinito Dios del universo.

Veamos a dos hombres en la Biblia. Lea Génesis 5:19-24 y 6:7-9.
¿Quiénes son los mencionados aquí? _____

¿Qué tienen en común estos dos hombres? _____

Enoc y Noé caminaron con Dios. Aunque quizá pensamos que el Antiguo Testamento describe con frecuencia a la gente como "caminando con Dios", en realidad rara vez lo hace. Cuando estudiamos esta frase descriptiva, nos encontramos con que significa una relación cercana, de lo más íntima y confidencial posible entre lo divino y lo humano. Al extender nuestra mirada al Jardín del Edén en Génesis 3, vemos la vida en toda su perfección, tal como era el plan original de Dios, hasta el punto máximo de una comunión con él constante y sin impedimentos. Lea Génesis 3:8. ¿Quién se paseaba en el jardín?
¿Quién buscaba a quién? _____
¿Con qué propósito? _____

En el principio, ¡fuimos creados para caminar con Dios!

A lo largo del día

Al ir cumpliendo sus obligaciones y actividades de este día, haga dos cosas:
1. Conscientemente piense en esta increíble verdad:
   Fui creado para caminar con Dios.
2. Consciente y repetidamente agradézcale a Dios este maravilloso privilegio y alábele por el gozo y el amor que encontramos en su presencia.

Reflexión vespertina

¿Cómo fue su día hoy al tener conciencia de que usted fue creado para caminar con Dios?

¿Qué sintió al agradecerle repetidamente a Dios su maravilloso amor para con nosotros?

¿Le fue difícil disciplinarse para enfocarse en él y alabarle? En caso afirmativo, ¿por qué le parece que fue así?

Semana 1: Día 2
Posición perdida, propósito recuperado

Comienzos

Inclínese en oración y pídale a Dios que le muestre su amor esta mañana.

Al ambiente perfecto donde Adán y Eva vivían y caminaban con Dios llegó "la serpiente antigua que se llama diablo y Satanás, el cual engaña a todo el mundo" (Apoc.12:9a). Estos primeros seres humanos fueron atraídos a dialogar con el diablo, lo cual pronto resultó en la muerte. El mundo perfecto, que era de ellos para disfrutar, se convirtió en un lugar prohibido. Peor aún, el caminar perfecto, que había sido su más alto privilegio y su gozo más profundo, ya no era posible. Habían escogido rechazar la verdad y creer una mentira y, al hacerlo, habían causado la separación entre ellos y el glorioso Dios de luz y vida. Estaban ahora "muertos en... delitos y pecados" (Ef. 2:1).

Pero Dios, que es amor y los había creado por amor, no había terminado.

> *Al ver la magnitud y el poder del amor de Dios por nosotros, vislumbramos cuán inmensamente él ama su comunión con nosotros.*

El hombre había causado un terrible dilema: la santidad pura del carácter de Dios prohibía su comunión con el gran objeto de su amor, manchado ahora de pecado. Pero Dios lo amó tanto que estuvo dispuesto a pagar un precio terrible a fin de que volviera a él y a su propósito original.

Lea Romanos 5:6. En nuestro estado impotente, ¿cuál fue el terrible precio que Dios pagó para redimirnos?

A pesar de las innumerables excusas, desmentidos y sistemas de los llamados actos de justificación y obras de rectificación, la verdad sigue siendo la misma —somos impotentes para proveer un sacrificio digno por nuestros pecados. Hay una sola manera de hacerlo. Alguien que fuera puro y sin pecado tenía que hacer el sacrificio en nuestro lugar. Jesucristo era el indicado. Y él es ahora el camino de regreso a Dios.

Al pagar por nosotros este precio terrible y desgarrador, ¿qué nos estaba mostrando Dios? Lea Romanos 5:8.

Al ver la magnitud y el poder de su amor por nosotros, vislumbramos cuánto ama Dios su comunión con nosotros. Está dispuesto a pagar el precio que sea para que la comunión perfecta vuelva a ser una realidad —aun el precio más alto y más terrible: dar a su propio Hijo amado.

El pecado impide que cumplamos el elevado propósito para el cual fuimos creados por Dios al principio. El pecado produjo una gran separación entre Dios y nosotros, un gran abismo de separación sobre el cual no había un puente. Dios proveyó el camino. Jesús es el Puente. Jesús es el Camino de regreso a Dios por quien podemos cumplir nuestro propósito original.

A lo largo del día

Antes de iniciar sus deberes del día, incline su rostro y agradézcale a Dios porque lo amó tanto que pagó la deuda que le correspondía a usted. Piense en este tipo de amor. ¡Cuán grande es!

Dé sus primeros pasos del día agradeciéndole repetida y verdaderamente por su amor a lo largo de su jornada. (Tome nota de la invitación especial en la página siguiente. No es parte del estudio de hoy, pero es imperativo que la complete antes de pasar al material de mañana.)

Reflexión vespertina

¿Alguien alguna vez le ha perdonado una deuda? ¿Qué sintió?

¿Cómo fue su día hoy al pensar en la deuda que Jesús pagó por usted?

¿Cuánto éxito tuvo en agradecer a Dios repetidamente el gran sacrificio que hizo por usted? ¿Le resultó difícil?

¿Fue hoy el primer día en que consciente y personalmente lo recibió como su Salvador?

De ser así, ¿qué sintió?

Invitación especial

Antes de seguir adelante en este estudio y en su anhelo por caminar con Dios y trabajar con él en el mundo, hay una pregunta que tiene que contestar. Y usted es el único en la tierra que puede contestarla.

Cuando el director de cine James Cameron, en ocasión de los Premios de la Academia, estaba en el escenario con el Oscar a la mejor película en sus manos por su película *Titanic,* declaró ser el rey del mundo. Se trataba de una acotación tomada del personaje principal de la cinta y se refería a los números de taquilla que parecían indicar que esta película era la número uno, la película más vista en toda la historia.

Pero distaba de serla.

Así como el buque Titanic aminoró la marcha, se detuvo y luego desapareció de la superficie, lo mismo sucedió con la película de Cameron. La película verdaderamente número uno estaba acelerando su marcha y distanciándose cada vez más de la que le seguía. ¡Al final del Siglo XX, la película de mayor audiencia de todos los tiempos había sido traducida a más de quinientos idiomas y había sido vista por más de dos mil millones de personas!

¿La verdaderamente número uno?

La película *Jesús*.

La versión de Cameron sobre el Titanic dejó afuera lo que quizá sea el relato humano más grandioso de la tragedia. Afortunadamente, no se perdió en la historia. Y es el relato más grandioso por su conexión con el relato más grandioso que jamás se haya contado.

A bordo del Titanic se encontraba un pastor escocés, viudo, llamado John Harper con su hija de seis años. Cuando el barco comenzó a hundirse, Harper, que viajaba en segunda clase, dejó a su hija en manos de un oficial en una de las cubiertas superiores, quien la puso en un bote salvavidas. Luego empezó a ayudar a los que se encontraban en la cubierta de segunda clase. Otros estaban haciendo lo mismo, pero la ayuda de Harper era singular por las indicaciones que daba, escuchadas una y otra vez en medio del caos: "Mujeres y niños y los no salvos en los botes primero. Mujeres y niños y los no salvos en los botes primero".

John Harper sabía que ese momento era el umbral de la eternidad. Él estaba preparado para enfrentarse con Dios, pero sabía que muchos a bordo no lo estaban.

Como pastor, Harper con frecuencia había declarado el amor de Dios por los perdidos. Ahora su vida lo declaraba en un acto de máximo sacrificio. Cuando se topó con un hombre sin salvavidas, John Harper se quitó el suyo y se lo puso al otro.

Más tarde, flotando en la inmensidad de las oscuras y gélidas aguas, un sobreviviente pudo ver a un hombre luchando por mantenerse a flote. Era John Harper. En lugar de pedir ayuda, Harper le gritó al hombre:

—¿Es usted salvo?

—No —fue la respuesta.

—Crea en el Señor Jesucristo y será salvo.

Solo hubo silencio y las olas los separaron para luego volverlos a acercar. Cada vez que Harper volvía a ver al hombre le preguntaba:

—¿Es salvo ahora?

Y nuevamente recibía la respuesta:

—No, sinceramente no puedo decir que lo sea.

Y cada vez, Harper repetía lo mismo con su voz que se iba apagando:

—Crea en el Señor Jesucristo y será salvo.

Luego, dejó de oírse su voz al hundirse John Harper y descansar en los brazos del Señor.

Más adelante, en una reunión en Ontario, Canadá, el sobreviviente, de pie, contó esta historia terminando con las siguientes palabras: "Poco después que se hundió John Harper, allí, solo en la noche, con dos millas de agua debajo mío, creí".

Hace mucho tiempo, un carcelero en un lugar llamado Filipos enfrentó su propio "umbral de eternidad" y le preguntó a uno de sus prisioneros, un hombre llamado Pablo: "¿Qué debo hacer para ser salvo?". Harper había estado citando la respuesta que recibió el carcelero.

Antes de poder seguir adelante con este estudio y con su vida, tiene que contestar una pregunta que solo usted puede contestar. ¿Es usted salvo de la paga justa que se merece por sus pecados?

Si el primer pensamiento que le viene a mente es algo como: "Bueno, claro que sí, soy miembro de la iglesia", o "he sido bautizado", o "mis padres eran creyentes y yo también siempre lo he sido" entonces sabe en qué está confiando para ser salvo.

Únicamente al recibir personalmente a Jesucristo como nuestro Salvador somos salvos de la paga de nuestros pecados y nacemos a una nueva vida. Si usted nunca lo ha hecho, hoy es el día de oportunidad. No espere un instante más. Ahora mismo reciba a Jesús. Luego, busque a un pastor o a un amigo cristiano de confianza y pídale que lo oriente al empezar su maravilloso camino con el Señor.

Si ha recibido a Cristo como su Salvador y Señor, este es un momento de gozosa alabanza. Agradézcaselo. Adórelo. Ámelo. Emprenda su día con gratitud y con una nueva percepción de la grandeza de su salvación.

Semana 1: Día 3
La manera de caminar

Comienzos

Inclínese ante la presencia de Dios y agradézcale por su salvación.

En la gloriosa luz de una nueva vida en Cristo, iniciamos un trayecto que no tiene fin, solo pasos siempre continuos de cercanía y semejanza a Cristo. El dilema es que todavía vivimos en el mismo mundo caído y que vivimos esta nueva vida en el mismo viejo cuerpo. Entonces, ¿cómo podemos vivir como las nuevas creaciones en Cristo que ahora somos? Solo conocemos la antigua manera de vivir, que claramente ya no es la nuestra. El modelo que continúa presentándose ante nosotros innumerables veces cada día es el de los caminos del mundo. Ahora es fácil ver que estos tampoco son el camino. Entonces, ¿cómo hemos de andar?

Lea 1 Juan 2:6. ¿Qué dice la Palabra de Dios? _____

> *La oración no es hablar incesantmente con Dios sino caminar constantemente con Dios.*

La respuesta es muy sencilla y muy clara. Hemos de vivir nuestra vida cristiana como la vivió Jesús. Inmediatamente surge la próxima pregunta: "¿Cómo vivió él?". Con esta pregunta empezamos a descubrir los tres elementos esenciales para caminar y vivir como lo hizo Jesús.

Lea Colosenses 3:16. ¿Qué nos exhorta a hacer este versículo? _____

Aprendemos cómo vivió Jesús al observar su vida; observamos su vida al leer su Palabra. Al empezar a ver cómo vivió y cómo hemos de vivir, pronto descubrimos algo sorprendente. ¡Es difícil! Tanto, que parece que nos es imposible hacerlo.

En esta instancia enfrentamos una decisión crítica: ¿nos conformaremos con actuar cristianamente o seguiremos hacia adelante a fin de ser siempre más plena y verdaderamente cristianos? A los ojos de Dios la imitación de una vida cristiana es una vida que desagrada a Dios.

Lea 2 Corintios 5:7. ¿Cómo hemos de andar? _____

Lea Hebreos 11:6. ¿Qué le agrada a Dios? _____

En el Nuevo Testamento, fe es una palabra clave que denota la relación fundamental a la cual somos llamados como creyentes. Significa confiar en Dios para todo. Es una actitud del corazón y un acto de la voluntad. A pesar de cómo parecen ser las cosas, nos aferramos a Dios y confiamos en él. Jesús pudo vivir una vida terrenal agradable a Dios porque caminaba con total confianza y expectante seguridad en Dios.

Jesús pudo caminar de esta manera porque vivía su vida en la presencia de Dios. Jesús era un hombre de oración. La oración, contrariamente a la opinión popular, no trata principalmente de pedirle cosas a Dios, sino más bien de estar con Dios.

Lea 1 Tesalonicenses 5:17. ¿Con cuánta frecuencia hemos de orar? _____

Aprendimos que el propósito original de Dios para nosotros era que tuviéramos una comunión perfecta con él. Porque hemos sido redimidos, regresando a aquel lugar y propósito original, podemos ahora caminar continuamente con él. La oración no es hablar incesantemente con Dios sino caminar continuamente con Dios.

A lo largo del día

Al emprender su trabajo de hoy, piense en la verdad de los pasajes bíblicos que estudió esta mañana. Dele gracias a Dios por el aliento y la fortaleza que le da para su caminar durante este día. Decida vivir hoy dependiendo de Dios y confiando en él.

Reflexión vespertina

¿Le fue difícil confiar en Dios en algún momento durante este día?

¿Cómo lo alentó y guió el Señor hoy por medio de su Palabra?

¿Qué cosa le hizo sentir bien hoy?

¿Fue algo que honra a Dios?

Semana 1: Día 4
Nuestro Guía y mucho más

Comienzos
Inclínese ante Dios e invítelo a hacer su voluntad en usted hoy.

Cuando los discípulos protestaron por el anuncio de Jesús de que iba a partir, él aprovechó la ocasión para tranquilizarlos con una nueva y maravillosa revelación: La ayuda estaba en camino.

Lea las palabras de Jesús en Juan 16:7. ¿Qué nombre descriptivo le dio al que les sería enviado? _____

Después de la venida de aquel, ¿la vida sería mejor o peor?

Las palabras de Jesús a sus corazones atribulados pusieron en claro que, a pesar de que pareciera lo contrario, en realidad les iba a ser ventajoso que él volviera al Padre. Entonces les sería enviado el Espíritu Santo y, al venir, él sería su Consejero, su Ayudador, su Consolador y mucho más. Pero para vivir como vivió Cristo en este mundo de mentiras y engaños, tenemos que conocer el camino acertado.

> *Es por este ministerio de morar en nosotros que somos transformados de actuar como cristianos a ser cristianos.*

Gloriosamente, el Espíritu de Dios es también Espíritu de verdad y como tal, él nos guía a la verdad (Juan 16:13).

El Espíritu Santo ¿está con nosotros o en nosotros? (Juan 14:17) _____

Dios no solo puso al Espíritu Santo a nuestro lado para ayudarnos y guiarnos, también colocó al Espíritu Santo dentro de nosotros. Es por este ministerio de morar en nosotros que somos transformados de *actuar* como cristianos a *ser* cristianos. Al dedicar tiempo cada día a la lectura de la Palabra de Dios, aprendemos cómo vivió Jesús y, por lo tanto, cómo hemos de vivir nosotros. Pero la expectativa de Dios no es que salgamos y nos esforcemos al máximo para vivir de esta manera. Él sabe que no podemos hacerlo. Cuando lo intentamos, también nosotros aprendemos que no podemos. En cambio, el Espíritu Santo toma la verdad y nuestra buena disposición y nos transforma. Realmente vamos siendo más y más como Jesús. Nos capacita para vivir como él vivió porque estamos llegando a ser como él.

En su libro *Cristianismo... ¡Y nada más!*, C. S. Lewis dijo: "Él está empezando a convertirnos en la misma clase de ser que él es. Está empezando, por decirlo así, a 'inyectarnos' su clase de vida y pensamiento: su *Zoé* [vida]; está empezando a convertirnos de soldaditos de plomo en hombres vivos".

Cuando sienta que no puede vivir como debe, recuerde la pregunta orientadora de Bill Bright al pastor abrumado: "¿Ha oído hablar alguna vez del Espíritu Santo?" y confíe en nuestro Ayudador-Guía.

C. S. Lewis continuó diciendo con respecto al lugar esencial que ocupa la buena disposición en oposición a la resistencia en este proceso de *soldado-de-plomo-a-hombre-vivo*: "La parte nuestra que no se halla conforme con esta transformación es la parte de plomo que todavía hay en nosotros".

A lo largo del día

Regocíjese en la realidad de que Jesús nos ha dado el Espíritu Santo para que viva en nosotros y esté con nosotros. No estamos solos. No somos impotentes. ¡Regocíjese! Y al emprender su trayecto hoy, agregue a esa alabanza su compromiso entusiasta de colaborar plenamente con el Espíritu Santo cada día.

Reflexión vespertina

¿Cómo le fue hoy al alabar a Dios por el poder de su Espíritu que vive ahora en nosotros?

¿Cómo lo guió hoy el Espíritu Santo?

¿Le mostró algo?

¿Cómo respondió usted?

¿Lo resistió en alguna circunstancia?

¿Por qué?

Semana 1: Día 4

Semana 1: Día 5
Una parte, no aparte

Comienzos

Inclínese en oración y pídale a Dios que le revele lo que significa permanecer en Cristo.

Al observar los comienzos y finales de otros, obtenemos valiosas percepciones sobre cómo vivir el tiempo entre los dos —el tiempo llamado vida. En un aposento alto hacia el final de su ministerio terrenal, rodeado por un círculo de seguidores confundidos y preocupados, Jesús dijo unas palabras que tenían relación con sus primeras palabras a los discípulos tres años antes. Juntas, estas palabras dieron forma a la clave para vivir la vida cristiana.

Una metáfora es una expresión que, aunque no se relaciona directamente con un tema, tiene una semejanza con ese tema y, por lo tanto, aumenta la comprensión del mismo. Cuando cantamos el hermoso himno "Castillo fuerte es nuestro Dios", la metáfora de un castillo fuerte nos ayuda a entender un aspecto del carácter de Dios.

Lea Juan 15:5. ¿Qué metáfora usó Jesús para referirse a sí mismo? _____

¿A nosotros? _____

> *Este mundo escrutador no se interesa en imitaciones, y Dios tampoco.*

Es probable que la mayoría de nosotros hayamos podado arbustos o árboles en el jardín. Después de cortar una rama, quizá la observemos. Parece viva e idéntica a las demás ramas del arbusto pero, a pesar de su apariencia, sabemos que hay una diferencia. Está muerta. ¿Por qué? Porque no tiene vida en sí misma y ya no está conectada con su fuente de vida.

¿Qué dijo Jesús que debemos hacer nosotros como ramas? _____

¿Cuál dijo que sería el resultado? _____

Es fundamental para la vida abundante, que es el propósito para nosotros como cristianos, asegurarnos de que durante cada día, como ramas, seamos una parte de la vid: Jesús, nuestra vida. Aparte de él —arreglándonos por nuestros propios medios— solo podemos *actuar* como cristianos. No tenemos dentro de nosotros el poder para *ser* cristianos. Cristo es ese poder. Nuestra primera responsabilidad es asegurarnos de que nada impida el que su vida fluya en nosotros.

Podemos esforzarnos mucho, pero no podemos exhibir el fruto de su Espíritu que mora en nosotros: amor, gozo, paz, paciencia, benignidad, bondad, fidelidad, amabilidad y dominio propio. Solo podemos imitarlo. Este mundo escrutador no se interesa en imitaciones, y Dios tampoco.

Lea Mateo 4:18, 19. ¿Qué fue lo primero que le dijo a Jesús a esos primeros discípulos? _____

Esta invitación a los primeros discípulos es la misma invitación que Jesús nos extiende a nosotros y a los creyentes a través de los siglos. Estas palabras son fundamentales para la vida cristiana. Al leer y meditar en la Palabra de Dios, al inclinarnos ante él —adorando, escuchando, hablando— y luego al creer lo que dice y actuar de acuerdo con ello, estamos siguiendo a Jesús. Estamos viviendo como él vivió. Lo estamos siguiendo y, al hacerlo, nos aseguramos de permanecer vitalmente conectados a él y a su vida que da vida. Cuando por primera vez respondimos a su llamado a seguirle, fuimos injertados como ramas en la vid. Al seguirle, empezamos a permanecer en él y ahora, al permanecer en él, tenemos el poder de continuar siguiéndole.

Volvemos al propósito para el cual fuimos creados en el principio. Estamos nuevamente caminando con Dios.

A lo largo del día

¿Hay algo hacia lo cual Jesús ha estado tratando de guiarle para que se involucre en ello y usted se ha resistido? ¿Hay algo que está impidiendo que él fluya libre y plenamente en y por medio de usted? Apártese de ello y vuélvase a él.

Si percibe una resistencia en usted hacia algún aspecto de la obediencia, esta es la parte de "plomo" a la cual se refería C. S. Lewis. Opóngase a la resistencia y comience inmediatamente a seguir al Señor. Hoy, en este mismo instante empezará a tener en usted la vida de Jesús y el fruto de su Espíritu.

Reflexión vespertina

¿Le mostró el Señor algo que usted ha estado intentando hacer con sus propias fuerzas para él? De ser así, ¿de qué se trata?

¿Qué le reveló hoy el Espíritu Santo?

¿Notó algún punto de resistencia?

¿Notó algún pecado no confesado?

¿Qué experiencias de gozo tuvo hoy al caminar con Jesús?

Semana 2

Seguidores de Jesús como oracaminantes

VERSÍCULO CLAVE

Yo soy la luz del mundo. El que me sigue nunca andará en tinieblas, sino que tendrá la luz de la vida (Juan 8:12).

<u>Esta semana:</u>
- investigaremos el mandato de Cristo con respecto al reino
- veremos cómo viene su reino a esta tierra
- descubriremos tres tipos de caminatas de oración intercesoras
- comprenderemos la vitalidad de una vida preparada
- comenzaremos a aprender los elementos prácticos de las caminatas de oración

Semana 2: Día 1
La vida que lleva a la muerte que lleva a la vida

Comienzos

Inclínese ante la presencia de su Salvador resucitado y alábelo por haberle comprado la vida. Pídale que le enseñe a seguirlo.

La primera y la última palabra que, según los Evangelios, Jesús dijo a Pedro era la misma: "Sígueme" (Mar 1:17; Juan 21:22). Sucede lo mismo con nosotros como discípulos de Jesús. Desde nuestros primeros días hasta los últimos, el gran Amante de nuestras almas nos está llamando para que disfrutemos toda la plenitud de su vida al llegar a ser y continuar siendo sus seguidores. Esto parece sencillo hasta que descubrimos una inherente paradoja: en el centro de la enseñanza de Jesús acerca de la vida está el verbo "perder" (Mat. 16:24, 25). Dietrich Bonhoeffer, martirizado por los nazis, dijo con absoluta razón: "Cuando Cristo llama a un hombre, le pide que venga y muera".

Al seguirle, su propósito al venir a la tierra se convierte en nuestro propósito por el cual vivimos sobre la tierra.

Lea Juan 12:24. ¿Qué le debe suceder a cada grano de trigo para poder llegar a ser una gran cosecha?

Todo granjero sabe dos verdades: 1) Cada grano de trigo contiene la potencialidad de producir cincuenta o cien nuevos granos de trigo, y 2) para que esto suceda la vida del grano tiene que finalizar. Es claro que Jesús no se refería a nuestra muerte física. ¿Qué quiso decir?

Busque Lucas 9:23. ¿Qué es indispensable antes de que podamos seguirle?

Antes de responder al llamado de Jesús, nuestra vida era egocéntrica. Al tomar nuestra cruz (nuestra identificación con él) cada día reiteramos y reforzamos nuestra muerte a esa orientación de antes centrada en nosotros mismos. Ahora nuestra vida se caracteriza por el gozoso y vigorizante negarnos a nosotros mismos, en lugar de los placeres mortales del pasado. Ahora, no solo *podemos* seguir a Jesús, sino que *lo haremos*. La oración, un caminar con él sin cesar que le complace, es la manera principal por medio de la cual seguimos a nuestro Maestro. Esta vida de seguir a Jesús es una caminata de oración y, al seguirle, su propósito al venir a la tierra se convierte en nuestro propósito por el cual vivimos sobre la tierra.

Lea Lucas 19:10 y Juan 10:10. ¿Por qué vino Jesús?

Jesús fue enviado a la tierra para buscar a los perdidos, salvarlos y llevarlos de regreso al camino para el cual fueron creados; un camino de abundancia y vida con Dios.

Lea Mateo 28:19, 20. Al dejar Jesús esta tierra para volver al cielo, ¿qué mandato nos dio?

Jesús prometió a sus seguidores que los haría "pescadores de hombres" (Marcos 1:17). El propósito de esto era que ellos (y nosotros) pudiéramos lanzarnos a todas las aguas del mundo y traer los habitantes a él. No estamos en la misión de ir a todos los pueblos de la tierra y traerlos a Jesús para que lo acepten como Salvador. Esa es la misión de Dios. No tenemos el poder de lograrlo. Solo él lo tiene. A nosotros sencillamente se nos invita, exhorta, ordena y se espera que seamos "colaboradores juntamente con Dios" para este fin. La tierra se llenará de su gloria y todas las tribus y lenguas y pueblos y naciones llegarán a adorarlo tan fielmente como lo hacemos nosotros —a medida que lo seguimos.

A lo largo del día

Pídale conscientemente a Dios que lo capacite para caminar con él hoy. Mientras trabaja, esté atento a sus propósitos y colabore con él. Responda al susurro de sus palabras de amor y su orientación con sus propias expresiones silenciosas de amor por él y con un cambio inmediato, según la orientación y las instrucciones que él le dé. Esté atento a fin de percibir oportunidades para decirle a alguien una palabra de testimonio.

Reflexión vespertina

¿Cómo reconoció que Dios lo capacitó para caminar con él hoy?

¿Lo vio cumpliendo alguno de sus propósitos por medio de usted hoy?

¿Cómo fue para usted sentir el amor de Dios?

¿Tuvo la oportunidad de dar su testimonio hoy? ¿La aprovechó?

Semana 2: Día 2
Caminar al paso

Comienzos

Inclínese en oración con la nueva convicción de morir a sus propios propósitos. Confiésele a Cristo su deseo de vivir hoy en armonía con los designios de él.

Marilyn vos Savant quien, según el libro de récords mundiales de *Guinness,* tiene el coeficiente de inteligencia más alto del mundo, contesta las preguntas del público en una columna del semanario *Parade.* La profundidad y el alcance de sus conocimientos son tales que si tuviéramos la oportunidad de conversar con ella, sin duda que nuestras preguntas serían interminables. Por otra parte, Aquel que cuenta con toda la comprensión y la sabiduría, Jesús, tenía doce hombres que viajaron con él noche y día durante tres años y, hasta donde sabemos, le pidieron instrucciones sobre un solo tema: "Señor, enséñanos a orar".

A pesar de su escasa comprensión de otros puntos importantes, los discípulos habían captado el hecho de que la oración era vital y que la de ellos dejaba mucho que desear. La respuesta de Jesús, llamada con frecuencia el Padrenuestro, ha sido cuidadosamente estudiada por creyentes de todas las generaciones.

Busque Lucas 11:1-4. En el enfoque prioritario de la oración, ¿qué va primero, Dios o nosotros? _____

Al enseñar a orar a sus discípulos, Jesús les enseñó la supremacía de Dios y su reino en la vida. "Santificado sea tu nombre" (que sea honrado como santo). "Venga tu reino". El reino de Dios, por supuesto, no es un reino terrenal. Es más bien la extensión o el alcance de su soberanía.

> *El pináculo de esta colaboración es la oración; nuestro anhelo sincronizado con el anhelo de él.*

No empezó con la venida de Cristo, sino que ha existido y

existirá por toda eternidad. El único lugar donde en la actualidad no está totalmente completo es sobre la tierra, entre los hombres y las mujeres.

Fuimos creados para gobernar sobre la tierra. En otras palabras, Dios, como el Soberano sobre todo, nos dio la habilidad y autoridad para determinar los resultados al poner en práctica nuestras opciones. Lamentablemente, optamos por rechazarlo a él y a su soberanía. Cuando Juan anunció al venir Jesús: "Arrepentíos, porque el reino de los cielos se ha acercado", Dios estaba declarando que su reino eterno estaba ahora junto a nosotros y nos era accesible. Persona por persona, a medida que nos apartamos de nuestros propios reinos (aquellas áreas de la vida donde pretendemos ejercer nosotros mismos un control efectivo) y nos volvemos al de él, su reino de amor se va extendiendo más plenamente sobre la tierra.

Lea Mateo 6:10. En esta enseñanza anterior y más completa del Padrenuestro, ¿con qué acontecimiento se conectaba su reino? _____

¿Cómo debe cumplirse su voluntad aquí en la tierra?
_____

Fuimos hechos para vivir teniendo una relación armoniosa con Dios, para caminar con él. Al ser parte de su reino, gustosamente ponemos bajo su autoridad las cosas que nosotros controlamos. Empezamos a sentir las bendiciones y los beneficios de su vida y cuidado.

Nuestros anhelos se van conformando a sus deseos y nuestras decisiones se van haciendo cada vez más agradables a él. Por medio de nosotros, su voluntad se está cumpliendo sobre la tierra. Estamos aprendiendo que hemos sido hechos no para operar independientemente como lo propone el mundo, sino como colaboradores de Dios. El pináculo de esta colaboración es la oración —nuestro anhelo sincronizado con el anhelo de él. Convertimos en realidad esos anhelos con fe en este mundo conflictivo.

A lo largo del día

Dé gracias porque Dios se ha acercado a nosotros con amor y nos ha incluido en su reino de amor. Sea sensible a los esfuerzos habituales de su propia voluntad que están en conflicto con la de él, y entrégueselos para que haga su voluntad.

Reflexión vespertina

¿Cómo fue su caminar con Cristo hoy?

¿Pudo seguirle a lo largo del día?

¿Dónde tomó usted un rumbo divergente?

¿Hizo el Espíritu que aflorara a la superficie algún hábito que necesita ser transformado por Jesús? ¿Está dispuesta/o a que él lo haga?

Semana 2: Día 3
Tres tipos de caminatas de oración

Comienzos

Inclínese ante Dios y agradézcale el gozo de la vida con él. Ábrale su corazón hoy para que le enseñe y lo guíe como él quiera.

Hay dos verdades obvias concernientes a la oración: 1) La Palabra de Dios nos insta orar en todo tiempo (1 Tes. 5:17) y 2) Por lo general, no lo hacemos. Una encuesta de los hábitos de oración realizada entre 17 mil miembros de iglesias en la década de 1980 lo confirmó. Estos cristianos (que asistían a un taller sobre "la oración para un despertar espiritual" en ocasión de la encuesta) ¡pasaban un promedio de menos de cinco minutos en oración por día! Los dos mil pastores presentes y sus cónyuges indicaron que oraban menos de siete minutos por día.

En el año 2000 George Barna, como resultado de una encuesta sobre la oración en los EE. UU. de A., arribó a la conclusión de que el tiempo promedio diario era menos de cinco minutos. Esto se debe a muchas razones, entre ellas un concepto incorrecto de lo que es la oración y una falta de disciplina; pero principalmente es el desconocimiento de esta verdad: la oración no es una opción, un ornamento para decorar bien la vida cristiana. Debe ser nuestra vida.

Lea Colosenses 4:2. Nuestra vida debe estar dedicada a

Dado que ahora entendemos bien que la oración es caminar en la presencia de Dios en lugar de un estorbo espiritual, hemos cruzado el umbral y hemos entrado en la casa donde esta verdad bíblica puede ponerse en práctica. Esto es fundamental para ser usados como oracaminantes en el mundo. Vista así, esta caminata es una *caminata de oración devocional*.

La oración no es una opción; debe ser nuestra vida.

Al caminar de esta manera por la vida ya no seremos meramente cristianos con una tarjeta de membresía, sino cristianos que cumplimos nuestro trayecto sabiendo conscientemente que contamos con la presencia de Dios con nosotros. Respondemos inmediatamente a la orientación que él nos brinda sobre su voluntad para nosotros y a través de nosotros. Somos levadura poderosa en este mundo perdido. Al ir cumpliendo con las obligaciones normales de nuestro día, estamos sintonizados con Dios; somos capaces de escuchar su voz y su señal de aprobación, y estar dispuestos a elevar una oración intercesora por los seres que sufren y que él ha puesto en nuestra senda. En este caso, la nuestra es una *caminata de oración incidental*. Todavía seguimos con nuestras actividades normales, pero incidentalmente para ellos somos usados por Dios como intercesores muy estratégicos en nuestro mundo.

Hay un tercer y muy importante tipo de caminatas de oración y se lo conoce como *caminata de oración intencional*.

Lea Lucas 10:1. ¿Se valió Cristo de habilidades planificadoras y organizativas en su ministerio? Sí ____ No ____

De principio a fin, la Biblia muestra el plan maestro y la planificación de Dios. Él es un Dios organizado, que hace las cosas intencionalmente. Cristo, su Hijo, demostró el mismo atributo en su ministerio terrenal. Nos encanta la emoción de los encuentros divinos que la caminata de oración incidental muchas veces nos brinda. La organización no descarta automáticamente las epifanías (encuentros con Dios), en realidad les prepara el camino. Algo tan sencillo como programar un momento con un amigo para salir a caminar por el vecindario mientras oran por sus vecinos es un ejemplo de la caminata de oración intencional. Al caminar con Dios por el mundo, la gente se encuentra con él y es atraída hacia él. El reino de Dios otra vez, novedosamente, se ha acercado.

A lo largo del día

Conscientemente, deje que Dios lo guíe a lo largo del día como un caminante de oración incidental y, en silencio, eleve su oración intercesora por cada uno que él le indique.

Reflexión vespertina

¿Cuántas veces le indicó el Espíritu Santo que interceda por alguien? ¿Por alguna situación? ¿Lo hizo?

¿Cómo lo guió Dios a orar por alguien?

¿Qué fruto del Espíritu se manifestó en usted al caminar con el Señor?

¿Afectó visiblemente a alguien? ¿De qué manera?

Semana 2: Día 4
Preparación para la caminata de oración

Comienzos

Inclínese ante Dios y declárele humildemente su disposición a que él lo examine y lo limpie hoy.

En los eventos deportivos, los espectadores siempre se enfocan en el resultado final. Pero los que compiten se enfocan en el comienzo porque saben que éste incide críticamente sobre el resultado final. Cómo empezamos determina en gran medida cómo corremos y dónde terminamos.

Lea 1 Corintios 9:24, 25. Según el apóstol Pablo, ¿cómo hemos de correr? _____

Y, según él, ¿cuál era la clave? _____

Como seguidores de Jesús no somos competidores, somos compañeros de equipo. Nos esforzamos juntos por llegar a una meta que compartimos y, para ser exitosos, tenemos que trabajar no para Dios, sino con Dios. Nuestra meta es ganar pero, a diferencia del estilo del mundo, para nosotros la clave para ganar la carrera está en la manera en que caminamos. Por lo tanto, no hay nada más importante que cuidar nuestro caminar con Dios. Y la clave para hacer esto es la disciplina y el dominio propio.

Como hombres y mujeres que queremos vivir una vida sin obstáculos que impidan nuestra comunión (oración) con Dios, el comienzo de cada día es también crítico.

Lea Mateo 6:6. ¿Cómo dice Jesús que debemos empezar nuestros momentos de oración?

> *No hay nada más importante que cuidar nuestro caminar con Dios.*

Lea el Salmo 119:105. ¿Qué nos ilumina el camino y nos muestra cómo debemos caminar?

_____

_____

Durante este estudio, al dedicar usted un momento cada mañana para orar y leer en privado la Palabra de Dios, ha comenzado bien esta etapa en la carrera de la vida. No obstante, es probable que ya haya percibido que algo estorba su comunión con Dios y su efectividad en los planes de él.

Lea Isaías 59:1-3 ¿Qué es lo que impide que nuestras oraciones sean escuchadas y contestadas?

_____

Imagínese el juego de "tirar de la cuerda". En un extremo de la cuerda están Satanás y sus demonios, clavados en el suelo y resistiendo todo esfuerzo por moverlos. En el otro extremo están los hijos de Dios. Casi al momento de empezar la pelea, Dios les explica claramente lo que se necesita para ganar, y no se parece en nada a lo que hayamos oído antes. En lugar de una arenga incluyendo los acostumbrados: "Sí, pueden", "trabajen unidos", "no se dejen vencer", el consejo de Dios es exactamente lo opuesto: "No pueden hacerlo", —dice Dios—. "Solo yo puedo. Y solamente jalaré con ustedes cuando estén preparados para jalar conmigo".

—Queremos jalar contigo —decimos, y agarramos la cuerda. Él nos detiene y dice:

—No pueden tocar la cuerda con las manos.

—¿Por qué no? —decimos. —Queremos jalar contigo. Con esto, él nos revela el problema:

—Las manos de ustedes están sucias.

El pecado, las manchas del mundo sobre nosotros y en nosotros, nos impide obrar juntamente con Dios para que venga su reino. Pero antes de poder desesperarnos, nos hace recordar que: "Si confesamos nuestros pecados, él es fiel y justo para perdonar nuestros pecados y limpiarnos de toda maldad" (1 Jn. 1:9).

Inmediatamente nosotros nos arrepentimos de cada pecado que él nos muestra y que entorpece nuestro compañerismo y trabajo con él. Él nos limpia completamente, perfectamente. Luego, él nos dice: "Pongan sus manos sobre la cuerda". Alegre y prontamente lo hacemos así, pero apenas comenzamos a jalar con toda nuestra fuerza, él nos dice: "Esperen; necesitamos hacer algo más antes de empezar".

Y, en ese momento, él coloca sus manos sobre la cuerda. Nuestro Dios Santo unido a sus hijos santos. ¡Victoria!

La victoria comienza al principio del día con una puerta cerrada, una Biblia abierta y un corazón disciplinado, sensible, listo para desprenderse de cualquier cosa que obstaculiza su caminar y trabajar con Dios en pro de su reino ese día.

A lo largo del día

Al Espíritu de Dios le encanta iluminar cualquier cosa que represente un obstáculo en nuestro caminar con él. Determine obedecerle inmediatamente. Despréndase del obstáculo, sea limpio y llénese de aquello que es puro y hermoso: la vida de Cristo, nuestro Señor.

Reflexión vespertina

¿Le ha mostrado hoy Dios algún pecado que representa un obstáculo en su vida?

¿Le dolió verlo?

¿Se resistió a reconocerlo y a arrepentirse de él?

¿De qué modo nos tentamos a justificarnos y comprometer la convicción e iluminación de Dios en cuanto al pecado?

¿Qué siente al renunciar al pecado y ser nuevamente limpio y lleno de su Espíritu?

Semana 2: Día 5
El poder de orar *in situ*

Comienzos

Inclínese ante la presencia santa de Dios y alábelo por su gracia y su perdón. Pídale que le guíe hoy hacia alguien por quien pueda orar y con quien pueda hablar del Señor.

Empecemos hoy fijándonos en 1 Timoteo 2:8. ¿Cómo y dónde hemos de orar?

En la actualidad existe la costumbre de juntar las manos para orar; en cambio, la costumbre hebrea era levantar las manos. Pablo reitera que al dirigirnos a Dios debemos hacerlo con manos (y corazones) limpios de todo pecado. ¿Y en cuanto a un lugar determinado? No lo hay. Oremos dondequiera que nos encontremos.

Así como empezamos cada día con una puerta cerrada y una Biblia abierta, hemos también de dar el próximo paso cerrando la Biblia y abriendo la puerta. Podemos cerrar sin problemas nuestro ejemplar de la Palabra de Dios porque la tenemos guardada en nuestro corazón. Nos hemos alimentado de su verdad. Nuestra alma está nutrida, nuestro espíritu está como nuevo, nuestra mente está llena y estimulada. Conocemos la verdad y tenemos la libertad de vivirla en el mundo. Estamos listos —ahora de veras estamos listos— para abrir la puerta, salir y ser la iglesia en un mundo que sufre. Y al hacerlo, cruzamos el umbral desde la oración petitoria (por nosotros mismos) a la oración intercesora (oración por otros). Las caminatas de oración incidentales y las intencionales son tipos de oración intercesora en los sitios mismos donde esperamos fielmente las respuestas de Dios.

La oración intercesora nunca es un fin en sí misma sino el medio para lograr el fin divino.

Algunos preguntan: "¿No podría simplemente orar por

la gente de esta ciudad o de aquel país aquí mismo en el templo de mi iglesia o en mi casa?".

La respuesta, por supuesto, es que sí. No solo que sí podemos, sino que debemos; pero cada oracaminante tiene un testimonio similar al mío y al de mis colegas en aquella calle de Fort Worth hace algunos años. Nunca habíamos estado tan cerca de Dios y, a la vez, de la humanidad como cuando realizábamos las caminatas de oración. Nos identificamos con Dios y con su gran anhelo por su pueblo, pero también nos identificamos con la gente al palpar la gran necesidad que tienen de él y de su amor salvador. Además, ellos sentían que de alguna manera el reino de Dios de veras se les había acercado.

En los próximos días aprenderemos todos los elementos básicos de la oración *in situ*. Es importante recordar esto al llegar al fin de semana y a nuestra primera caminata intencional como grupo: prepárese para ver a las personas y a los vecindarios como nunca antes los había visto. Prepárese para responder con oraciones intercesoras a esta nueva percepción que le dará el Espíritu Santo. Esté informado y atento.

Recuerde que la oración intercesora nunca es un fin en sí misma sino el medio para lograr el fin divino.

Lea Marcos 16:15. ¿Qué dijo Jesús aquí? _____

Jesús fue muy claro. Nosotros, como sus seguidores, hemos de ir a todo el mundo y anunciar a todos las buenas nuevas de salvación. Tenemos que ir y hablar. En cierto sentido la iglesia ha revertido esto y enseña que tenemos que decirle al mundo: "Venid y escuchad". Esto no es bíblico ni práctico. El mundo no va a ir a la iglesia. En cambio, a la iglesia que vive en su propio mundo y ha levantado paredes de separación entre ella y el mundo que la rodea, llega el Espíritu de Dios diciéndole que salga de los bancos y aun de las cámaras de oración y vaya de regreso al mundo. Y lo está haciendo del modo más auténtico y poderoso; la iglesia obediente y humildemente está caminando con él en oración pidiendo que su reino pueda por fin venir y que su voluntad sea hecha en toda la tierra.

A lo largo del día

Al emprender sus actividades del día, prometa estar listo para ver lo que el Señor le muestre sobre alguien y luego instantáneamente ore intercediendo por aquella persona a la luz de la percepción que él le ha dado. Asegúrese de no limitarse a la oración. Aun si le da temor, cuando Dios le dé una oportunidad, esté listo para dar testimonio de lo que Jesús ha hecho por usted.

Reflexión vespertina

¿Cómo contestó Dios su oración hoy?

¿A quiénes puso en su camino al ser usted su iglesia en el mundo?

¿Pudo hablar con ellos?

¿Le expresaron una necesidad que pudo llevar a Dios en oración?

¿Cómo se sintió con respecto al día de hoy y a esta semana?

Ideas tomadas de una caminata de oración

Hace unos años, el pastor Gary Crawford, de Gainesville, Florida, realizó su primera caminata de oración. Al dejar que el Espíritu estimulara y guiara sus oraciones intercesoras, se fue percatando de todo tipo de cosas comunes que le generaron oraciones intercesoras significativas. En una hoja de papel que llevaba en el bolsillo anotó dichas cosas y las oraciones que originaron.

Objeto	Oración pidiendo que...
Balón	las personas no anden rodando de una novedad pasajera a otra

Mariposa	Dios haga algo hermoso en la ciudad
Lirio	Dios sea el Lirio de los valles en aquel vecindario
Ventanas en un rincón	no haya rincones oscuros en las personas ni en los hogares del vecindario
Rosa	Cristo sea allí la Rosa de Sarón
Casa	la gente salga de sus casas y vayan a la casa de Dios
Día apacible	Dios dé paz
Rama extendida	el evangelio se extienda por toda la ciudad como las ramas de un roble
Columpio	confiemos que Jesús nos impulse como confía el niño en el que impulsa el columpio
Cercado	podamos quitar los cercados que nos separan de Dios; Dios levante una cerca de protección alrededor de los cristianos
Cables eléctricos	el poder del Espíritu Santo nos sature
Cables telefónicos	la gente tenga el deseo de hablar con Dios y de escucharle
Transformador	seamos transformados por medio de la renovación de nuestra mente
Bote de basura	quitemos la basura espiritual de nuestra vida
Rastrillo	atendamos nuestro jardín espiritual

Semana 2: Día 5

Semana 2: Seguidores de Jesús como oracaminantes

Petirrojo	la sangre de Jesús cubra a los que viven en el vecindario
Bandera patria	las personas se comprometan a ser leales a Cristo
Etiqueta que dice "Sahara"	Dios sea un oasis espiritual
Buzón cerrado	la gente no deje fuera la palabra de Dios enviada a ellos
Juguete infantil	los niños amen a Jesús
Cartel que dice "Despacio"	la gente se aquiete y escuche a Dios
Pájaro cantor	la gente cante un canto acerca de Dios
Cruz negra	la gente se resista al príncipe de las tinieblas
Lago	Jesús llegue a ser el agua viva para los que viven en el vecindario
Velero	el viento del Espíritu sople allí
Parada de ómnibus	la cruz de Cristo sea alzada allí

Semana 3

Cómo orar por la voluntad de Dios para el mundo

VERSÍCULO CLAVE

Vosotros, pues, orad así:... venga tu reino, sea hecha tu voluntad, como en el cielo así también en la tierra (Mat. 6:9, 10).

Esta semana
- veremos cómo Dios obra en la actualidad
- percibiremos cuándo Dios nos habla
- oraremos de acuerdo con los propósitos de Dios
- oraremos de acuerdo con las promesas de Dios
- hablaremos de las bendiciones de Dios

Semana 3: Día 1
Dios actúa, el hombre responde

Comienzos

Inclínese ante Dios quien lo ama y dio su a Hijo para salvarlo. Exprésele su gratitud y comprométase a trabajar con él en su obra de redención.

Ciertos misioneros nuevos me comentaron con entusiasmo que no veían la hora de llegar a su campo para poder estar en "una misión para Dios". Su fervor era digno de encomio, pero no así su teología.

Abra su Biblia en Juan 5 y lea los versículos 17-20. ¿Quién está obrando en el mundo? _____

Sí, Dios está obrando para atraer a la humanidad a él. Él está en una misión.

¿Estaba Jesús obrando también? _____

Pero, ¿qué distinción hizo Jesús con respecto a su obra? (v. 20) _____

Jesús no obraba por o para sí mismo, sino únicamente como un colaborador de Dios. De hecho, Jesús dijo seguidamente: "Yo no puedo hacer nada de mí mismo" (v. 30) y en Juan 15:5 nos dice que ¡nosotros tampoco podemos!

Entonces, si no podemos o no debemos estar en una misión para Dios, ¿cómo hemos de vivir? Después de todo, Jesús nos dice a nosotros como sus seguidores: "Por tanto, id y haced discípulos a todas las naciones" (Mat. 28:19).

Busque 1 Corintios 3:9. ¿Cómo hemos de andar y trabajar en este mundo? _____

Hemos de caminar en la obra que Dios está realizando. Dios es capaz. Nosotros no (2 Cor. 3:5). Dios es el iniciador. Nosotros somos los que respondemos. Esto es siempre cierto en la obra que avanza su reino y es especialmente cierto con respecto a la oración. Reconocemos la obra de Dios por la naturaleza de la obra. Somos capaces de reconocerla por lo que ella es, por el testimonio de su Palabra y la iluminación del Espíritu Santo. La obra de Dios es una expresión de su voluntad, y su voluntad es cumplida en esa obra.

Por lo general vemos a Dios obrando de dos modos. 1) Nos encontramos con alguien que busca algo espiritual (Juan 6:44). 2) Percibimos su obra en nosotros y respondemos de acuerdo con ella y orando con expectación.

Cuando oramos de este modo, estamos orando de acuerdo con su voluntad y tenemos la seguridad que él nos da de que cuando oramos de ese modo, él escucha y responde (1 Jn. 5:14, 15). Y al orar a la luz de lo que notamos que él está haciendo en nosotros o alrededor de nosotros de acuerdo con ello, él puede en ese momento hacer avanzar su obra. Aunque Dios ciertamente es soberano y podría hacer lo que él quiere cuando y cómo él lo desee, ha elegido en cambio hacer que su obra dependa de las oraciones fieles y de la vida obediente de sus hijos.

Durante su primera caminata de oración intencional este pasado fin de semana, ¿hubo un aspecto en que usted o uno de sus compañeros reconoció que Dios estaba obrando? Descríbalo brevemente.

> *Dios es el iniciador. Nosotros somos los que respondemos.*

¿Cómo oró usted a la luz de esta realidad?

¿Se dio cuenta de que se estaba conectando con Dios en su misión de amar a un mundo perdido y que esa misión avanzaba porque usted oró?

A lo largo del día

Pídale a Dios que le muestre dónde y en quiénes está él obrando hoy. Prepárese para reconocer instantáneamente su obra y ore inmediatamente a la luz de lo que ve. Luego dígale que está listo para que lo use en esa obra de la manera que él quiera.

La caminata de oración de hoy

Empezando hoy, y por el resto de estos estudios, usted participará en una breve caminata de oración todos los días. Normalmente será algo que usted hará solo, pero puede caminar con un hermano creyente según Dios lo guíe. Determine dos lugares en los que podría hacer hoy una caminata de unos minutos.

1.
2.

Escoja uno.

Reflexión vespertina

¿Dónde escogió hacer su caminata de oración el día de hoy?

¿Por quiénes oró?

¿Qué sintió al orar mientras caminaba?

¿Pudo percibir a Dios obrando de alguna manera?

¿Cómo respondió usted?

Semana 3: Día 2
Escuche y preste atención a la voz del Señor

Comienzos

Inclínese para orar expresando su gratitud por la obra de Dios en su vida y en el mundo. Pídale a Dios que sensibilice su oído para escuchar su voz, y su corazón para recibir su orientación.

Sucedió hace unos años en unas prácticas de caminatas de oración en Louisville, Kentucky, EE. UU. de A. Un sábado por la mañana la mujer llegó a la sesión con los ojos llenos de lágrimas. La noche anterior habíamos estudiado cómo Dios nos habla y por qué. Lo que ella contó esa mañana era trágico.

La noche anterior se había sentido muy entusiasmada por haber aprendido a caminar en oración. Cuando detuvo su auto ante la señal de "Alto" en la esquina de su casa, notó a un vecino parado enfrente de la casa de él. Ella tuvo la sensación de que debía detenerse y hablar con el señor. Pero ya iba casi tarde a la práctica así que se dijo: "Lo haré después". La mañana siguiente, cuando se estaba preparando para salir, llegó su vecina para preguntarle:

—¿Se enteró de lo que le pasó al señor que vive en la casa de la esquina?

Inmediatamente recordó la sensación que había tenido la noche anterior.

—No, ¿qué?

—Anoche se suicidó.

Desde una voz apacible hasta un trueno ensordecedor, por medio de sueños y aun por medio de asnos, Dios habla a su pueblo. Habla de acuerdo con su propósito central: "El Señor... no quiere que nadie se pierda, sino que todos procedan al arrepentimiento" (2 Ped. 3:9), y habla a fin de que trabajemos con él en esta misión de salvación. Dos son las preguntas más importantes para nosotros como oracaminantes comprometidos a escuchar y prestar atención a su voz: 1) ¿Estoy listo y dispuesto a obedecerlo instantáneamente? 2) ¿Cómo puedo estar seguro de que es Dios quien me está hablando?

Cuando se encuentra usted con Dios obrando, ¿qué es lo primero que piensa? ¿Busca una razón para no responder o responde con una disposición de alcanzar a otros? Si la racionalización (hacer excusas) o la indecisión (pereza) caracterizan su respuesta interior, entonces el Espíritu Santo acaba de mostrarle que la antigua orientación egocéntrica todavía controla su vida. Deténgase inmediatamente y arrepiéntase de esto; pídale a Dios que lo perdone y lo llene de su Espíritu. Luego obedezca.

Ahora lea Hebreos 1:1, 2. ¿Cómo le hablaba Dios a su pueblo en el pasado? _____ ¿Y cómo nos habla ahora? _____

Sabemos que Jesús ha dejado la tierra y ha regresado al cielo para interceder incesantemente por nosotros. ¿Cómo nos habla ahora? Lea sus palabras en Juan 16:7, 13. ¿Cómo nos habla y guía Jesús ahora? _____

¿Qué pasa si no estamos seguros de que realmente es la voz del Espíritu la que nos habla? Busque el Salmo 106:13b. ¿Cuál era el testimonio contra los hijos de Israel? _____

Sí, se apresuraron demasiado. Dios anhela profundamente que oigamos y obedezcamos su voz. Lo que nos dice siempre será acorde con su Palabra, la Biblia, y con frecuencia lo confirma por medio de su cuerpo, la iglesia, y de circunstancias providenciales. Cuidado con pretender que los pensamientos de usted sean palabras de él, y los anhelos de usted el plan de él. Examine su corazón. ¿Es puro en lo que se refiere a sus motivaciones? ¿Está listo para responder?

Escuchar a Dios muchas veces es el resultado de la caminata de oración, no un requisito previo.

¿Cómo podría aquella mujer en Louisville haber aplicado estas pautas? Podía haber bajado la ventanilla y saludado al hombre. Podía haberle preguntado cómo estaba. Podía haberle propuesto pasar a visitarlo la tarde siguiente o podía haberle felicitado por la hermosura de su jardín. Cada una de estas posibilidades hubiera indicado su respuesta al impulso del Espíritu y le hubiera dado la oportunidad a Dios de comunicarle amor al hombre a la vez que le brindaba otra oportunidad de ayudarle. Al acercarse al hombre, ella podría haber estado orando, pidiéndole a Dios que bendijera la respuesta de ella y que la guiara hacia el próximo paso. Dios se complace en contestar y honra nuestra obediencia.

A lo largo del día

Ponga en práctica esta novedosa revelación de que Dios nos habla al caminar nosotros con él por el mundo. Pídale que le ayude hoy a percibir cuándo él le habla a usted.

Además, si él le ha hecho ver cualquier resistencia en el corazón de usted esta mañana, inclínese en oración y arrepiéntase antes de emprender su camino hoy.

La caminata de oración de hoy

Ayer identificó usted dos lugares donde podría caminar y orar por unos minutos, y usted escogió uno. Hoy, vaya al otro lugar que identificó y ore allí.

Espere que Dios guíe su oración silenciosa y responda cuando él lo hace. Esté listo para aprovechar cualquier oportunidad de hablar con alguien. Recuerde que escuchar a Dios muchas veces es el *resultado* de la caminata de oración, no un requisito previo.

Reflexión vespertina

¿Qué sintió hoy al orar mientras caminaba?

¿Le habló Dios durante su caminata?

¿Le habló durante el día?

¿Qué le dijo?

¿Cómo respondió usted?

Semana 3: Día 3
¿Objetivos opuestos?

Comienzos

Inclínese ante el Señor y, después de un momento de quietud, alábelo. Agradézcale por el Espíritu Santo que mora en usted y predispone su corazón hacia su voluntad y propósitos divinos.

No hay símbolo más indicativo del cristianismo que la cruz. Ella adorna los templos alrededor del mundo y es usada como una alhaja tanto por hombres como por mujeres. ¿Será la cruz solo un símbolo o tiene una función práctica que cumplir en nuestra vida cotidiana? Al final de nuestra primera semana en este proceso de transformación para ser oracaminantes, descubrimos la verdad maravillosa de que la vida cristiana es una vida de seguir a Jesús. Ahora observe Lucas 9:23 y note lo que se requiere de los que desean ir en pos de él. ¿Qué tenemos que hacer antes de poder seguir a Jesús?

Primero, tenemos que negarnos a nosotros mismos. Esto suena sencillo, pero es radicalmente opuesto a lo que cree la sociedad. A lo largo de nuestra vida, se nos enseña la seudo verdad de que, más bien que negarnos a nosotros mismos, tenemos que consentirnos a nosotros mismos. Pero, al hacerlo así, tarde o temprano tendremos que reconocer el poder opresivo de esta manera egocéntrica de vivir. Al negarnos a nosotros mismos a fin de caminar con Jesús, nuestra vida deja

Los objetivos del mundo son totalmente opuestos al anhelo y al plan de Dios para él.

de tener objetivos opuestos a, o en desacuerdo con, los de la cruz.

De la autonegación, Jesús pasa al próximo paso esencial: tomar nuestra cruz cada día. La cruz tiene solo un propósito: la muerte. Cuando nuestro Señor nos exhorta a tomar nuestra cruz cada día, nos está brindando una orientación práctica de cómo vivir para él y morir a nuestro yo. ¿Cómo describió Pablo su vida? (Gál. 2:20).

Podría decirse que ahora la vida de Pablo giraba alrededor de los propósitos de la Cruz (con C mayúscula), que son los mismos propósitos de nuestro Señor Jesucristo y que deben ser los nuestros también.

Existen muchas definiciones de la oración, pero una sencilla y a la vez profunda es que la oración es entrega. Entregamos nuestros deseos y nuestros propósitos; al hacerlo así, podemos vivir y orar los deseos de Dios y sus propósitos. Los objetivos del mundo son totalmente opuestos al anhelo y al plan de Dios para él. Al optar por una vida de muerte al yo y vida en Cristo cada día, ponemos en práctica la verdad de Filipenses 2:13. Dios está obrando en nosotros, deseando y realizando lo que le complace. Cuando vamos por el mundo oracaminando, estamos orando siempre sus propósitos —los propósitos de la Cruz— en favor de todos los seres humanos del mundo.

¿Cómo querrá Dios cumplir su voluntad y obrar en usted hoy en su mundo?

¿Qué esfuerzos y acciones ve usted en el mundo que indudablemente son opuestos a los planes de Dios?

¿Cuáles son algunos de los deseos y propósitos de Dios para su mundo?

A lo largo del día

Pídale a Dios que lo sensibilice en cuanto a todo a su alrededor que sea contrario a sus deseos. (Esté atento para percibir cualquier cosa en usted que él quiera señalarle.)

La caminata de oración de hoy

Piense en un sector donde hay actividades que no coinciden con la voluntad de Dios. Puede ser odio por el prójimo. Puede ser la enseñanza de falsedades. Puede ser alguna actividad inmoral. Puede ser sencillamente un vivir egoísta. Vaya a ese lugar. Reconozca la incongruencia entre los deseos de Dios y la verdadera realidad. Luego, en el nombre de Jesús, ore pidiendo que los propósitos de Dios se cumplan en las personas y en ese lugar.

Reflexión vespertina

¿Le mostró Dios algún aspecto de su vida en oposición con sus deseos? ¿Se arrepintió inmediatamente de ello?

¿Qué le mostró él en su mundo hoy que es contrario a su voluntad? ¿Qué oró en favor de la gente de allí que está opuesta a los propósitos de Dios?

Semana 3: Día 4
Orar las promesas de Dios

Comienzos

Como ya es su costumbre, inclínese en silencio ante el Señor amante, agradeciéndole por sus propósitos perfectos para este mundo y comprometiéndose a caminar y orar de acuerdo con ellos el día de hoy.

En lo alto de las montañas en el centro de Etiopía, me encontré con un cuadro tan asombroso que me sentí obligado a detener el auto al costado del camino para investigar. Allí, en una región de tierra infértil y clima riguroso, había una parcela repleta de abundantes cultivos de varios tipos. Mientras caminaba maravillado a través del campo y me dirigía hacia el granjero ocupado en sus tareas, creí descubrir el secreto: a todo lo largo del campo corría un arroyuelo pequeño pero con abundante agua. Sin embargo, después de conversar con el granjero y de felicitarlo por sus cultivos, me mostró el verdadero secreto de su abundancia. Había construido un simple pero maravilloso sistema de diques y compuertas. Haciendo uso de una pala y unas pocas tablas pequeñas había podido desviar el agua en cualquier punto del arroyuelo y hacer fluir el agua vivificadora a cualquier lugar seco. El resultado de su conocimiento y su diligencia diaria era evidente: por todos lados había vida y abundancia.

Lo que Dios promete, lo lleva a cabo.

Dios nos asegura que orar según su voluntad produce respuestas (1 Jn. 5:14, 15). Pero con demasiada frecuencia nuestras oraciones son impotentes porque no estamos seguros de saber su voluntad. Abra su Biblia en 2 Pedro 1:4. ¿Qué nos ha dado Dios? _____

La promesa de una persona es meramente una afirmación de una intención hasta que se haya cumplido, y su cumplimiento depende únicamente del carácter de la persona que hace la promesa. Sabemos que el carácter de Dios es perfecto e inmutable (nunca cambia). Lo que Dios promete, lo lleva a cabo. Entonces, ¿por qué la intención de tantas promesas que Dios nos ha hecho en su Palabra no se cumple? La falla no está en Dios sino en nosotros.

Lea en Romanos 4:20 acerca de Abraham y la promesa de Dios a él. ¿Qué hizo Abraham con respecto a la promesa?

_____

_____

Sí, Abraham comprendía que fe es poner en práctica lo que uno cree. Cuando oramos las promesas de Dios al caminar por este mundo somos como granjeros sabios, que creen en la fuerte corriente de la gracia prometida por Dios y en las compuertas que se abren para las vidas sedientas con la pala de nuestras oraciones. La oración de acuerdo con sus promesas no es solo orar de acuerdo con su voluntad, es oración que ya-está-siendo-contestada. La corriente de su bendición prometida ya está avanzando en el campo aun mientras oramos. Como seguidores de Jesús, cada promesa a nosotros va acompañada de un *sí* seguro si pedimos con fe (2 Cor. 1:20).

A lo largo del día

Note algunas promesas al prepararse para iniciar su trayecto este día y pídale a Dios que le subraye una o más para hacerlas suyas y expresarlas en oraciones con fe aplicándolas a usted mismo, y al menos una para orar por los que lo rodean. Si su fe parece débil, pídale que le ayude. Él lo hará.

Juan 6:47	Hebreos 11:6
Juan 14:21	Romanos 10:13
Salmo 37:4	Santiago 1:5

La caminata de oración de hoy

Pídale a Dios que le muestre el sitio donde debe orar hoy. Tenga conciencia de que él lo guiará hacia alguien que él ha preparado. Tomando una o más de estas promesas, interceda conscientemente a favor de aquellos que Dios pone en su camino. Esté listo para decir una palabra de aliento o esperanza si él contesta mientras usted ora y le da una oportunidad de hablar con alguien. Si no está seguro de qué decir, ore la promesa de Lucas 12:12.

Reflexión vespertina

¿Qué promesas le destacó Dios hoy?

¿Qué sintió al saber que estaba orando según la voluntad de Dios?

¿Qué sintió al saber que él estaba contestando mientras usted oraba?

Semana 3: Día 5
Orar las bendiciones de Dios

Comienzos

Al inclinarse ante el Señor esta mañana, combine su alabanza con acción de gracias por las muchas y maravillosas promesas que él nos ha hecho en su Palabra. Pídale que lo use de un modo nuevo este día.

Desde el Jardín del Edén en adelante, toda la vida ha estado manchada por la maldición. Los humanos, desde nuestro estado caído, nos hemos relacionado unos con otros deseando, obrando, queriendo el mal ajeno. Dios, en la persona del Salvador, tomó sobre sí todo el peso de la maldición y nos lo devolvió en bendición. Al hacerlo, no solo hizo posible que recibiéramos bendición, sino que nos otorgó el privilegio de bendecir.

Un anciano africano era un querido colega del misionero Bud Fray. En Rhodesia (ahora Zimbabwe), ellos trabajaron juntos para llevar las buenas nuevas a gente que nunca las habían oído. Siempre se preparaban orando deliberada y cuidadosamente antes de extender el reino a una nueva aldea que nunca antes había escuchado las buenas nuevas. Oraban tanto por los perdidos como por los obreros; esperaban y oraban hasta que Dios les daba la libertad de seguir adelante. Entonces se subían al auto y viajaban a la aldea. Cuando iban llegando siempre sucedía lo mismo. Al acercarse a la aldea, el anciano pedía que detuvieran el vehículo. Él bajaba lentamente del auto, se extendía con el rostro hacia abajo en la tierra ante el Señor y con singular fervor pronunciaba palabras de bendición diciendo: "Haya luz".

Dios en su gracia, nos ha hecho sacerdotes ante él (Apoc. 1:6) y, de esta manera, tenemos tanto el poder como el privilegio de bendecir a las personas y a los pueblos de la tierra. Expre-

Nuestras palabras de bendición se ajustan a la voluntad de Dios de bendecir.

sar bendiciones era una práctica común y esperada de los hijos de Israel. "La bendición de Jehovah sea sobre vosotros; os bendecimos en el nombre de Jehovah" (Sal. 129:8).

Bendecir de este modo es dar un obsequio al expresar la intención de Dios. No es algo mágico como algunos pretenden. Magia es realizar actividades como un ritual para obtener poder o influencia. Una bendición es expresar oralmente algo en que uno coincide con Dios con respecto a sus deseos para las personas. Nuestras palabras de bendición se ajustan a la voluntad de Dios de bendecir. Y él honra nuestra palabra fiel haciendo aquello que decimos.

Jesús enseñó a la iglesia a encarar de esta misma manera sus esfuerzos de evangelismo y extensión del reino de Dios. Lea Lucas 10:5. ¿Qué ordenó Jesús a sus discípulos que hablaran cuando entraban en una casa?

Sí, el deseo de Jesús para aquellos en esa casa —paz— era dicho como una bendición.

Por último, notemos una conexión importante. El cumplimiento de la bendición está determinado por la receptividad de la misma. Para que la bendición encuentre su lugar de residencia, tiene que encontrar un corazón preparado. Esto subraya la importancia vital de que oremos de acuerdo con sus propósitos y sus promesas antes de expresar una bendición por iluminación divina. Al caminar en oración, nuestras oraciones preparan el camino para que Dios bendiga, nosotros nos convertimos en bendición, y los demás reciben bendición.

A lo largo del día

Dele gracias a Dios por habernos otorgado el poder y el privilegio de bendecir. Pídale que le revele una bendición que él desea para alguien a quien usted se la transmitirá hoy.

La caminata de oración de hoy

Piense por unos momentos en cómo Dios lo guió a orar una de sus promesas o uno de sus propósitos en una de las caminatas en días pasados. Sabiendo que ha estado contestando sus oraciones de propósito y promesa en la vida de aquellos por quienes oró, vuelva y ore ahora una oración de bendición por ellos. No está obligado a declarar la bendición en voz alta. Exprésela meramente ante Dios. Él la honrará. Los siguientes pasajes son buenos ejemplos de bendiciones bíblicas:

Números 6:24-27; 1 Reyes 8:56-61.

Reflexión vespertina

¿Fue esta la primera vez que bendijo a alguien? ¿Cómo se sintió?

¿Se encontró conque usted mismo también fue bendecido? Dé gracias a Dios por el gozo que sintió hoy al bendecir a otros en su nombre. Pídale que, al leer su Palabra, siga abriéndole los ojos para ver sus enormes deseos de bendecir.

Semana 4

Caminatas de oración como un ministerio en la comunidad

VERSÍCULO CLAVE

Así alumbre vuestra luz delante de los hombres, de modo que vean vuestras buenas obras y glorifiquen a vuestro Padre que está en los cielos
(Mat. 5:16).

<u>Esta semana:</u>
- aprenderemos sobre el papel y poder de la adoración en la caminata de oración
- oraremos desde la perspectiva del cielo
- abriremos el camino para ministrar
- ministraremos directamente a las personas por medio de caminatas de oración
- aprenderemos el poder que tiene la caminata de oración para llevarnos a lugares escondidos

Semana 4: Día 1
Ministrar por medio de caminatas de oración ante la comunidad celestial

Comienzos

A estas alturas, inclinarse ante el Señor cada mañana ya se ha convertido en su modo de orar. Al hacerlo, agradézcale que así sea. La reverencia que sentimos instantáneamente al acercarnos a nuestro maravilloso Padre de gracia establece el tono y la dirección para el enfoque de esta semana sobre su amor y obra por medio de nosotros como una comunidad.

Era una maestra jubilada de edad avanzada realizando su primera caminata de oración intencional. Habiéndose capacitado, ya sabía bastante de lo que podía esperar al salir con su compañera. Pero, al regresar, era evidente que algo más había sucedido. Su exclamación reveló inmediatamente qué fue: "Estoy en su majestuosa presencia, ¡en este mismo instante!".

En las caminatas de oración, nuestro servicio siempre es primero a Dios, y luego a los demás.

Preeminentemente, la caminata de oración no es una actividad que ocurre ante una comunidad terrenal sino una que se desarrolla ante la comunidad celestial. Algunas personas, al igual que todo el cielo, nos observarán mientras oramos pero tenemos que ser firmes en nuestra orientación: es a Dios a quien miramos y no a las huestes y, ante todo, la intención de nuestra orientación es dar, no recibir. Nos damos a nosotros mismos a él y le damos a él lo que se merece: gratitud, alabanza, adoración y bendición. ¿Con cuánta frecuencia hemos de hacerlo? (Sal. 34:1).

Adoración, que es rendir honor donde se debe, es un fruto de conocer a Dios. Cuando no hay adoración, es porque no hay conocimiento de Dios. De la misma manera, si lo conocemos mejor, no podemos menos que adorarlo y alabarlo más. Usted ya ha estado experimentando esta verdad. Cada día al adentrarse un momento en la Palabra de Dios usando este libro como una herramienta, ha aprendido más de él. Al conocer la Palabra de Dios, ha llegado a conocer a Dios, y las expresiones espontáneas de gratitud y asombro han sido su respuesta.

Aunque adoramos a Dios porque solo él es digno de ser adorado (o sea que nuestras motivaciones son puras), sucede algo más cuando lo adoramos. Lea el Salmo 22:3. ¿Qué ocurre cuando lo alabamos? _____

Sí, Dios viene y mora, hace su residencia, en las alabanzas de su pueblo. Cuando llevamos la oración a las calles donde Dios no es bienvenido y su presencia pasa desapercibida, nuestra alabanza se convierte en el punto de entrada para su presencia santa. De pronto, Dios está presente entre su pueblo en su legítima posición, entronizado y, ya sea que las personas lo noten o no, se verán afectadas por Dios que se ha acercado.

Observe la actividad de la iglesia primitiva (Hech. 13:1-3). Aquí encontramos los líderes de la iglesia reunidos, posiblemente con toda la congregación, y su ayuno y adoración se describen como ministrar. Note que su servicio a Dios por medio de la adoración va seguido por el envío de ellos para servir y ministrar a otros. Esta secuencia bíblica es la secuencia correcta.

En las caminatas de oración, nuestro servicio siempre es primero a Dios, y luego a los demás. Tenga la seguridad de que cuando lo servimos a él por medio de poner en marcha la alabanza y la adoración en nuestro mundo hoy, él será honrado y las personas recibirán el impacto de su presencia entre ellas.

A lo largo del día

Determine alabar a Dios basándose en su conocimiento de él. Pídale al Espíritu Santo que le muestre los pasajes que proclaman quién es Dios. Luego, al vivir su día, permanezca atento a lo que él está haciendo e inmediatamente responda con alabanzas que concuerden con esta verdad.

La caminata de oración de hoy

Piense en un lugar donde Dios no es reconocido o conocido ampliamente. Puede ser la oficina de alguien quien rechaza vehementemente a Dios. Puede ser un lugar en la universidad donde el enfoque es impío. Diríjase a ese lugar y alabe a Dios silenciosamente por quien él es y quién es para usted.

Glorifique al Señor en ese lugar, cerca de aquellos que no lo reconocen ni le rinden culto. Luego, con fe, pídale al Señor que esas personas puedan comprender su amor y abrirle sus corazones.

Reflexión vespertina

Recuerde su alabanza específica que elevó hoy a Dios y vuelva a repetírsela.

Disfrute de la bondad de Dios que el Espíritu Santo le reveló hoy.

¿Le reveló Dios algo nuevo sobre él mismo? ¿Qué le reveló?

Semana 4: Día 2
Ministrar por medio de caminatas de oración desde la comunidad celestial

Comienzos

Abra su Biblia en el Salmo 34, del que oró ayer. Guarde silencio y empiece su día reflexionando sobre los atributos de Dios que se mencionan allí. Adórelo con un corazón agradecido y dele gracias por todo lo que le brinda en la vida.

Aquel momento era un contraste de expectativas. Lucas lo relata en el capítulo 7 de su Evangelio, empezando con el versículo 11. Lea el párrafo. Dos grupos se encuentran, pero sus sentimientos y perspectivas son diametralmente opuestos. Uno, saliendo de la ciudad, siente sufrimiento y desesperanza. El otro, entrando en la ciudad siente entusiasmo y expectación. Cada grupo es la imagen de la persona en su centro: en uno, una madre devastada; en el otro, Jesús. Al cruzarse los grupos, Jesús ve y se conecta con la madre. Se detiene y le habla. ¿Qué le dice? _____

_____

Las palabras "No llores" parecen extrañas para una mujer que se encuentra totalmente destrozada. No solo ya había muerto su marido, sino que al perder ahora a su único hijo ha perdido toda esperanza para el futuro. Sus amigos no pueden ofrecerle consuelo. Solo pueden llorar con ella. ¿Cómo es que las palabras de Jesús pueden ser tan diferentes? Es cuestión de puntos de vista. Los amigos de la madre ven la situación desde una perspectiva terrenal. Jesús ve la situación desde una celestial.

Como oracaminantes que seguimos a Jesús al dirigirnos hacia y estar entre las personas de nuestro mundo que sufren, nuestra perspectiva será crítica en

> *En general, la perspectiva determina la respuesta, y la respuesta determina el resultado.*

lo que respecta a nuestra empatía por ellas y nuestra oración de intercesión por ellas. También nosotros tenemos que tener una perspectiva celestial.

Quizá nos sintamos tentados a decir: "Eso es fácil para Jesús. Él es el Hijo de Dios. Pero como humanos, somos terrenales".

La pregunta que debemos hacernos es: "¿De veras lo somos?"

Lea Efesios 2:4-6. Ciertamente estábamos muertos en nuestros pecados pero Dios nos dio vida en Cristo. Ahora bien, según su Palabra, ¿en qué posición nos colocó?

Sí, efectivamente, estamos sentados en lugares celestiales con Cristo, nuestro Señor. Podemos tener, y de hecho tenemos, una perspectiva celestial desde la cual mirar y responder al mundo y sus sufrimientos. Esto es crítico para nosotros en nuestras caminatas de oración para transformar el mundo porque, en general, la perspectiva determina la respuesta, y la respuesta determina el resultado.

Cuando vivimos viendo a la vida desde el punto de vista celestial, consideramos las situaciones y circunstancias desde la perspectiva de Dios. Las vemos en contraste con su grandeza, y parecen pequeñas y nada amedrentadoras. Fe, esperanza, paz y expectación son solo algunos pocos de entre los muchos frutos de esta manera de ver la vida.

Pero cuando nuestra manera de ver la vida es desde la perspectiva terrenal, los desafíos parecen enormes y nos sentimos abrumados. Por desalentador que parezca, no es la cuestión más crítica. El mundo nos dice cosas como: "piensa positivamente" o "recuerda que el vaso no está medio vacío, está medio lleno". Pero eso ofrece poco consuelo y nada de esperanza. Entonces buscamos a Dios y encontramos otra realidad aún más angustiante: cuando buscamos a Dios desde esta perspectiva terrenal, él parece pequeño y distante. Y por lo tanto volvemos a encarar la vida cargados, desanimados, presionados, ansiosos y apurados. No hemos oído las palabras celestiales: "No llores".

El consejo del mundo es: "Sigue mirando hacia arriba". Ese es un mal consejo para nosotros como seguidores de Jesús. Uno mejor sería: "Sigue mirando hacia abajo".

A lo largo del día

Piense en una situación que ha estado considerando desde la perspectiva del mundo. Pídale a Dios que lo perdone por eso y luego decídase y empiece a mirarla desde la perspectiva divina. Esto se logra al mirar las situaciones a través del cristal de la verdad.

¿Se siente solo en medio de un problema? "Nunca te abandonaré ni jamás te desampararé" (Heb. 13:5). ¿Parece que el mundo lo está abrumando? "¡Tened valor, yo he vencido al mundo!" (Juan 16:33). Usted no sabe qué hacer. "El Espíritu de verdad, él os guiará" (Juan 16:13). Considere la verdad y luego considere la situación a través de la verdad. De esta manera la estará viendo desde la perspectiva divina.

La caminata de oración de hoy

Piense ahora en un ambiente en el que haya caminado orando o donde hay una necesidad pero no ha podido orar con fe por ella. Pídale a Dios que le revele la verdad que se relaciona con la situación, y luego vaya y realice su caminata orando hoy allí, intercediendo desde la perspectiva divina.

Reflexión vespertina

¿Amplió Dios sus perspectivas hoy? ¿De qué modo?

¿Tuvo que luchar en algún momento para cambiar su punto de vista?

En caso afirmativo, pídale a Dios que le hable en la noche y le revele su perspectiva de la situación. Luego descanse en él porque le guiará a hacer suya la verdad sobre la situación en cuestión. Prepárese para orar sobre esa verdad mañana.

Semana 4: Día 3
Ministrar por medio de caminatas de oración a favor de la comunidad humana

Comienzos

Al prepararse para inclinarse en oración ante el Señor esta mañana, recuerde la experiencia que tuvo ayer y la perspectiva divina que él le dio sobre esa situación terrenal. Alábelo porque nos da la verdad que nos transforma y, de este modo, convierte nuestra oración en una oración transformadora. Luego pídale que le guíe hoy hacia alguien a quien usted pueda servir.

Era una madre abandonada por su esposo. Llegó apurada y tarde a nuestra primera caminata de oración. Había asistido a cada una de las tres noche de reuniones para estudiar la actividad estratégica llamada caminata de oración. En esta ocasión, íbamos de dos en dos para orar por toda la comunidad en una sola noche. La mayoría de los equipos ya habían partido cuando ella se me acercó y dijo:

—Lamento haber llegado tarde, pero en mi trabajo me detuvieron más tiempo del acostumbrado y después tuve que recoger a mi hijita. No tengo con quien formar un equipo y no sé donde ir pero de veras quiero salir y orar.

Detrás de ella, la hermana encargada de repartir los mapas marcados con los sitios a donde iban a ir seleccionó uno de los pocos mapas que quedaban y, antes de que yo pudiera decir algo, ella le respondió:

—Yo tampoco tengo con quien ir. Usted puede ir conmigo.

Al minuto ya estaban fuera del edificio.

Más adelante esa noche unas cien personas se juntaron en el salón social del templo para dar testimonio de sus experiencias en su primera caminata de oración. Vi ponerse de pie a la joven madre. Cuando empezó a hablar, hubo un silencio total. Contó cómo había llegado tarde y Dios le había preparado a la persona con quien salir, contó de su trayecto al área que su mapa indicaba. En el trayecto oraron, entregándose al Señor como sus siervas para cumplir los propósitos de Dios. Siguiendo el mapa, dieron vuelta una esquina y se detuvieron. De pronto, la joven madre no pudo contener el llanto. Cuando pudo hablar continuó relatándonos su experiencia.

—No puedo orar aquí.
—¿Por qué no?
Señalando una casa dijo:
—En esa casa vive mi esposo con su amante.

Los ojos de los presentes se llenaron de lágrimas y el salón se llenó de la preciosa presencia de Dios derramando divina empatía y compasión. Ella continuó:

—Nos quedamos en el auto y di todas las razones por las que no podía y no tenía que orar allí. Mi nueva amiga no dijo mucho, solo lloró conmigo y oró por mí. Cuando había terminado de explicar todas mis razones, me di cuenta de que Dios me hablaba. —Yo te traje aquí, —me dijo.

—Eso fue todo, pero fue suficiente. Ambas lo sabíamos. ¿Qué más podíamos hacer? Teníamos que bajar del auto. Yo no podía orar. Sencillamente dejé que Dios orara lo que él quería a través de mí. Oramos por cada casa en esa calle.

Después de una pausa, la mujer continuó.

—Esta noche yo salía para orar que los que vivían esclavizados por el pecado fueran libres en Jesús. Aprendí que Dios quería liberarme a mí también. Perdoné a mi esposo y a la otra mujer, y oré por ellos. Y esta noche Dios me liberó. Mi oración es que ellos puedan conocer esta misma libertad maravillosa.

Dios quiere librar del pecado a todas las personas. Como oracaminantes, somos obreros trabajando hacia ese fin. Observe una vez más el pasaje de Lucas 7 que consideramos ayer. Note el versículo 13.

Dios quiere realizar por medio nuestro obras poderosas en la vida de las personas que sufren. Pero para que esto suceda, primero tenemos que dejar que él realice en nosotros sus obras poderosas.

"Cuando el Señor la vio, se compadeció de ella". La clave de una oración intercesora que expresa una empatía auténtica parecería ser el identificarnos con nuestro prójimo. Esto es verdad, pero es algo secundario. La clave principal para este tipo de oración es identificarnos con Dios.

La vida de Jesús estaba en total armonía con la vida de Dios en él. Veía y se relacionaba con el mundo desde una perspectiva celestial. Pero el caso de aquella joven madre, y el de cada uno de nosotros, es que a veces hay factores que son un obstáculo y que nos impiden ser útiles para Dios. Cuando es así, él obra para librarnos de esos factores.

Dios maneja las circunstancias para lograr ese fin. Lo único necesario para que esta obra limpiadora y liberadora sea exitosa es que cooperemos con buena disposición.

Lo recibimos sin reservas para que haga en nosotros y con nosotros lo que él quiera. Es entonces cuando estamos dispuestos y podemos ser utilizados para extender una bienvenida vicaria a él en nombre de otros.

A lo largo del día

Hoy es un día crítico en el que podemos transformarnos en auténticos intercesores en los sitios mismos que necesitan de nuestra oración intercesora. Dios quiere realizar por medio nuestro obras poderosas en la vida de personas que sufren. Para que esto suceda, primero tenemos que dejar que realice en nosotros sus obras poderosas. Reconozca inmediatamente esto y acepte sus obras en usted. Concéntrese hoy en ser sensible a las obras del Espíritu en usted y en responder sin reservas.

La caminata de oración de hoy

Dígale a Dios que está dispuesto a ir a cualquier lugar e interceder en ese lugar por quien él quiera. Luego, hágalo para su gloria.

Reflexión vespertina

Anote honestamente cualquier cosa que Dios dijo e hizo en usted hoy.

Agradézcale y alábelo.

Descanse esta noche en la libertad que el Señor le da.

Semana 4: Día 3

Semana 4: Día 4
Ministrar por medio de caminatas de oración
a la comunidad humana

Comienzos

Alabe a Dios esta mañana porque mientras andábamos perdidos en el mundo, él se acercó a nosotros y, con amor, nos recogió en su morada. Agradézcale este amor tierno pero perseverante. Pídale que lo llene con ese tipo de amor y que después le muestre cómo quiere él que usted se acerque a alguien al oracaminar a través de todo el día.

Dios sufre con los que sufren en todas partes, y puede tomar las situaciones más insólitas y convertirlas en un puente de amor. Lo único que necesita es nuestra buena voluntad y disposición.

Cierto misionero escribió: "El pueblo de Guatemala valora mucho la oración. La consideran como la más alta expresión del amor de Dios". De hecho, cada oración intercesora es un acto de amor y lo es más cuando las oraciones se elevan *in situ* porque incluye acercarse de veras a las personas y querer alcanzarlas con amor. Ir es amor en marcha y alcanzar a otros es amor en acción.

En la ciudad de Nueva York, Jesús le dijo a los creyentes: "Síganme por las veredas de Nueva York y yo tocaré con mi amor a las personas allí mismo, a través de ustedes y sus oraciones". Los escépticos decían que los neoyorquinos jamás hablarían de sus necesidades en la calle y que menos aún permitirían que extraños oraran por ellos así en público. Como siempre, cuando la palabra de Jesús se opone a la palabra de los escépticos, él gana. Y esta vez también ganó. Armando mesitas portátiles con letreros escritos a mano que decían: "Estación de oración", un grupo de creyentes en Nueva York llevó sus oraciones a las calles. Ahora, después de algunos años, solo Dios sabe cuántos miles de neoyorquinos han sido tocados por su amor al desahogarse con los que participaban en caminatas de oración, teniendo luego una experiencia con Dios como resultado de las oraciones.

Abra su Biblia en Lucas 19 y lea los primeros diez versículos. Aquí Jesús está pasando simplemente por un lugar cuando un encuentro aparentemente fortuito se convierte en un encuentro divino que da como resultado la salvación de una familia entera. Tome nota de estos elementos que tienen mucha importancia para nosotros cada día al caminar en oración en el mundo.

• Había un gran gentío pero Dios ve a "uno" dispuesto, necesitado y listo (vv. 3-5).

Aplicación: Hemos de caminar en contacto con Cristo cada día a fin de que también nosotros podamos ver a ese "uno" y enfocarnos en ella o en él.

• Dios prepara la escena y luego se brinda con amor (v. 5).

Aplicación: Dios siempre es el iniciador y nosotros somos los que respondemos. Esté listo para responder y ser el puente.

• Nuestra palabra se convierte en el puente de Dios (v. 5).

Aplicación: Dé por seguro que Dios ya ha iniciado su obra en la persona y que ésta está lista para responder. Háblele a ella y a Dios a favor de ella.

Toda oración intercesora es un acto de amor.

Un hombre se puso de pie en la sesión final de un encuentro nacional de oración en la primavera del año 2000. En el servicio militar había sido alcohólico y drogadicto. Después de varios años en ese camino, se dio cuenta de que estaba destruyendo su vida. Al darle Dios esa percepción, también le trajo alguien con amor y con la palabra de amor. Como Nicodemo, la aceptó gozosamente. Ahora, en el segundo año de su nueva vida en Cristo, se daba cuenta de que Dios quería que alcanzara a muchos otros en situaciones que parecían tan desesperantes como había parecido la de él.

En una caminata de oración durante aquel encuentro cumbre de oración Dios le había mostrado el increíble potencial de la oración "en-el-mundo". Se había puesto de pie para testificar que volvía a su casa con la visión y el compromiso de orar por cada calle, de punta a punta, en su comunidad a fin de interceder por la gente en cada casa de su ciudad. Cuando Dios contestara sus oraciones y abriera puertas para hablar con la gente, él diría las mismas palabras de amor y esperanza que en el pasado aquella otra persona que se interesó por él le había dicho. ¿Cómo le sería posible cumplir un cometido tan grande que abarcara toda la comunidad? El hombre contó que Dios le había dado la ocupación perfecta: era chofer de un camión recolector de basura.

A lo largo del día

Dios puede santificar prácticamente cualquier trabajo o actividad. Lo único que requiere es que queramos que lo haga, que le pidamos que lo haga y que dejemos que lo haga. Al emprender hoy su camino, conteste estas preguntas:

¿Quiere usted que el Señor santifique sus actividades de este día? ¿Quiere pedirle que lo haga? ¿Dejará que lo haga?

A medida que sus deseos coincidan con los deseos de Dios, a medida que sus oraciones coincidan con su voluntad y a medida que camine de acuerdo con su voluntad, él extenderá su mano y tocará a alguien por medio suyo en este día.

La caminata de oración de hoy

Pida a Dios que le revele dónde él quiere que vaya hoy. Tenga en cuenta que la caminata de oración de hoy puede suceder durante lo que parece meramente un momento "de pasada". Permanezca atento y listo. Vea a quién debe acercarse. Háblele.

Sea como fuere que se va desarrollando el encuentro, dígale a la persona (o personas) lo que está haciendo: "Hoy estoy orando por las personas que viven aquí (trabajan aquí, estudian aquí o hacen sus compras aquí)". Luego pregúntele: "¿Hay algo por lo cual puedo orar por usted?" A veces la gente se muestra renuente y contesta con evasivas al principio. Apóyese en la certidumbre de que este es un encuentro divino y sencillamente comparta cuánto lo ama Dios o dé un breve testimonio de otra ocasión cuando alguien oró por usted o usted oró por alguien.

Pregunte otra vez: "¿Hay algo por lo cual puedo orar por usted?". Luego guarde silencio y deje que el Espíritu de Dios le hable al otro y escuche cuando su interlocutor empiece a hablarle a usted. Luego, allí mismo, no importa dónde esté, ore en voz alta por él.

Reflexión vespertina

¿Qué encuentro tuvo con Dios el día de hoy?

¿Cómo pudo alguien tener un encuentro con Dios por medio de usted hoy?

¿Qué hizo Dios en él?

¿Qué hizo Dios en usted?

Responda con alabanzas, acciones de gracias y adoración apropiadas.

Semana 4: Día 5
Ministrar por medio de caminatas de oración en los lugares escondidos de la comunidad

Comienzos

Como creyentes, empezar un nuevo día no es realmente empezar de nuevo sino empezar donde quedamos al final del día anterior y marchar hacia adelante con Jesús. Dé gracias a Dios por esta continuidad de la vida en Cristo. Recuerde el encuentro que tuvo en su caminata de oración ayer. Ore intercediendo nuevamente por esa persona según le guíe el Espíritu. Luego, piense en lo que será su día hoy y comprométase a seguir al Señor incondicionalmente.

En una caminata de oración en el sur de Florida, mi compañero y yo doblamos en una esquina y nos encontramos con una barricada que abarcaba todo el ancho de la calle y un letrero grande que decía: "Prohibido pasar". Esa experiencia me quedó grabada como una vívida metáfora de las innumerables barricadas que se levantan contra el libre flujo del amor y cuidado de Dios por los seres humanos. La mayoría de estas barricadas no tienen un letrero tan explícito, pero son igualmente reales. Jesús vio que las verdaderas barricadas que tenían que vencerse primero, antes de que Dios pudiera tener un encuentro con las personas, eran barricadas que no estaban en la gente que no lo conocía, ¡sino en la gente que sí lo conocía!

> *Dios se complace en bendecir a otros mientras oramos en el transcurso de nuestras actividades cotidianas.*

Lea los últimos seis versículos de Lucas, capítulo 9. Visto superficialmente, ¿qué le está diciendo la gente a Jesús?

———————————————
———————————————

Sí, parecen estar diciendo que seguirán a Jesús. No obstante, ¿qué breve palabra indica que tenían sus reservas al asumir su compromiso? _____

_____

La palabra que lo indica es *pero* y, aunque es una palabra pequeña y común, revela una barricada de marca mayor en los que pretendían ser sus discípulos. "Te seguiré pero quiero ser yo quien pone las condiciones". La respuesta de Jesús es explícita al decirles que eso no puede ser. Sea cual fuere la razón, cuando Jesús habla, tenemos que obedecer. Si no lo hacemos, estamos haciendo que nuestra voluntad, nuestros deseos o nuestros caminos sean superiores a los de él.

En estas primeras semanas de caminatas de oración las hemos realizado principalmente donde estamos o en lugares a donde ya íbamos. Dios se complace en bendecir a otros cuando oramos en el transcurso de nuestras actividades cotidianas. (Recuerde la caminata de oración incidental.) Pero al continuar esforzándonos en vivir una vida que dé honor y obediencia al Señor, tenemos que esperar oír que él nos dice: "Sígueme por allá". A veces esto no es difícil, pero invariablemente vendrá el momento cuando Jesús nos llame a seguirle a lugares desagradables a donde no queremos ir. Estos son los momentos que revelarán las barricadas dentro de nosotros que impiden que Dios haga todo lo que él quiere hacer por nuestro intermedio.

En el pasaje de hoy, ¿exactamente qué quiso decir Jesús a sus seguidores que tenían razones para no obedecerle explícitamente? _____

_____

El anhelo supremo que orienta al discípulo es complacer a su maestro. No importa cuáles hayan sido nuestras antiguas maneras de razonar o decidir, como hijos del Rey queremos solo estar con él y hacer lo que él desea. Esto no significa que hemos de ser temerarios o poner en peligro nuestra vida o la vida de otros. Sabemos que cuando seguimos a Jesús él es responsable de cada una de nuestras necesidades. Lo que esto indica es que si confiamos en él marcharemos con fe cuando quiera y dondequiera que él nos guíe. Las palabras

Semana 4: Día 5

de la persona en el versículo 57 deben convertirse en las nuestras si hemos de ser el tipo de oracaminantes que dejan que él los guíe a los lugares escondidos del mundo donde la gente espera.

"¡Te seguiré a dondequiera que vayas!".

A lo largo del día

Haga que sus primeros pasos este día sean comprometiéndose a obedecerlo a dondequiera y como quiera que el Señor le guíe. Si él le revela alguna barricada en usted con relación a esto, pídale que le ayude a quitarla, arrepintiéndose y siguiéndole con una nueva libertad.

La caminata de oración de hoy

¿Sintió anteriormente que Dios lo guiaba a caminar en oración en algún lugar a donde usted no estaba dispuesto a ir? De ser así, arrepiéntase ahora mismo y dígale que si lo guía hacia allí nuevamente, usted irá.

Al orar hoy, pídale a Dios que le muestre un lugar escondido para usted a donde a él le gustaría que fuera y orara intercediendo por las personas en ese lugar. Puede ser algo tan sencillo como el salón social en su edificio, o puede ser algo que le es tan extraño como otro sector de la ciudad donde vive gente de otro grupo étnico o donde usted no aprueba ni participa de las actividades que allí se realizan. El elemento importante en la caminata de oración de hoy es que su confesión tiene que coincidir realmente con la de la persona en el versículo 57: "¡Te seguiré a dondequiera que vayas!".

Reflexión vespertina

¿Fue este un día difícil o fácil? ¿Por qué?

¿Hay alguna cuestión no resuelta entre usted y Cristo con respecto a la disposición de usted a seguirle? Apúntela aquí.

Lea nuevamente Lucas 9:57-62. Pida la ayuda del Señor y haga que su vida concuerde con los deseos de él.

Semana 5

Caminatas de oración y la oposición del enemigo

VERSÍCULO CLAVE

Someteos, pues, a Dios. Resistid al diablo, y él huirá de vosotros (Stg. 4:7).

Esta semana:
- investigaremos la realidad de la guerra espiritual
- descubriremos los elementos de la estrategia de la iglesia del primer siglo para librar la guerra espiritual
- aprenderemos sobre la influencia del mundo sobre nuestro caminar y cómo anularla
- aprenderemos el impacto de la carne sobre nuestro caminar y cómo contrarrestarlo
- aprenderemos las técnicas del diablo y cómo resistirlas

Semana 5: Día 1
Caminata de oración y guerra espiritual

Comienzos

Al aquietar su espíritu y concentrarse en Dios al iniciar esta nueva semana, reconózcalo como el Dios soberano y omnipotente de todo el universo y de todo ser viviente. Alábelo por esto. Agradézcale que, en Cristo, el enemigo ya ha sido derrotado.

Desde sus primeros pasos de obediencia, la iglesia del Nuevo Testamento tuvo respuestas positivas al igual que resistencia (Hechos 2). Hasta la actualidad, viene sucediendo lo mismo, y la reacción de la iglesia primitiva no solo a la resistencia sino a la persecución abierta es un ejemplo para los creyentes de todas las eras.

Busque Hechos 4. Cuando Pedro y Juan fueron encarcelados por proclamar las buenas nuevas de salvación en Jesús, cuando luego fueron amenazados por las autoridades y se les ordenó no decir otra palabra acerca de Jesús, ¿cómo respondió la iglesia? (versículo 24) ____

Fe, no temor, fue su respuesta. La iglesia se apoyó en Dios y los miembros se unieron en alabanza y oración.

Lea la oración de la iglesia (versículos 24-30). ¿Quién era el foco de su oración? ____

No, ni siquiera mencionaron a sus opositores humanos, ni a Satanás, su enemigo espiritual. Dios era lo central y lo supremo en sus oraciones y en la práctica de su fe.

¿Cuáles fueron los únicos pedidos de la iglesia? (versículo 29) ____

La iglesia siguió firme ante la oposición. Le pidieron a Dios que tomara nota de las amenazas pero su deseo ferviente era que los capacitara para testificar de la verdad al mundo con toda confianza y valentía.

En los años subsiguientes, la iglesia continuó obedeciendo con valentía, el evangelio se esparció por todas partes, y la iglesia creció. También creció la oposición. Y como esta oposición por lo general venía de la gente, surgió un peligro. Lea Efesios 6:12. Pablo dijo claramente que nuestra lucha no es contra _____ sino en realidad contra _____. Es imprescindible, como creyentes, y particularmente como mujeres y hombres que seguimos a Jesús y que salimos al mundo para orar intercediendo en cada sitio, que recordemos que aunque la oposición por lo general se manifiesta por medio de las personas, el verdadero opositor es otro. Jesús dijo que este enemigo es el diablo (Mat. 13:39).

Como recordará, el primer día de estos estudios echamos una mirada al Jardín del Edén (Gén. 3) y vimos allí el relato de la caída. Adán y Eva creyeron a Satanás en lugar de creerle a Dios y, en consecuencia, todo lo que Dios tenía la intención de hacer se perdió. Un aspecto más de este evento es de vital importancia para nosotros ahora al empezar esta semana y salir al mundo donde se libra una lucha espiritual. Observe qué precedió a esta terrible decisión y sus consecuencias (versículos 1-4). Creyendo que estaba confrontando la mentira del enemigo (versículo 1), Eva no se percató de que al empezar la conversación con Satanás, en realidad estaba cayendo en su astuta trampa.

> *El enemigo no puede subsistir donde se elevan alabanzas enfocadas en Dios.*

Este episodio puntualiza una práctica peligrosa que ha encontrado cierta aceptación en la iglesia actual. Es la de dialogar, y aun de argumentar con el enemigo. Ese fue el primer paso en un resbaloso barranco que llevó a la caída, y sigue siendo tan peligroso hoy como en aquel entonces. La iglesia del Nuevo Testamento tuvo cuidado en evitar esta

Semana 5: Día 1

Semana 5: Caminatas de oración y la oposición del enemigo

práctica y lo mismo hemos de hacer nosotros. Al enemigo le encanta la atención y la ansía. Al mantener nuestros ojos fijos en Jesús, no solo seguimos los pasos de la iglesia victoriosa del Nuevo Testamento, sino que reafirmamos la victoria de Cristo sobre el diablo y lo privamos de la más mínima atención.

Que Satanás y sus huestes existen y ejercen diversos grados de influencia y oposición es innegable bíblicamente. Donde debemos tener cuidado es en establecer límites para nuestras creencias y prácticas como lo hace la Biblia y luego permanecer atentos a los ardides del enemigo para hacernos salir de esos límites. Las palabras de C. S. Lewis en su clásico libro *Cartas a un diablo novato,* nos resultan muy útiles al caminar en oración en un mundo infiltrado por el enemigo:

"Hay dos errores iguales aunque opuestos, en que la raza humana puede incurrir tratándose de los diablos. Uno es no creer en su existencia. El otro es creer en ellos, y sentir un interés excesivo e insano en ellos. Los propios diablos se sienten igualmente complacidos con ambos errores y aplauden al materialista y al mago con la misma deleitación".

A lo largo del día

Haga que el agradecimiento a Jesús sea el tema de hoy. Alábele por su fidelidad hasta la muerte para obtener la victoria sobre el pecado, la muerte y el enemigo. Festeje esta victoria con incesantes alabanzas y expresiones de gratitud a él.

La caminata de oración de hoy

Al ser receptivo a la dirección del Espíritu en cuanto al sitio donde orar hoy, considere un lugar donde el enemigo tenga gran poder y pregúntele a Dios si quiere que usted ore allí hoy. Guarde su mente a fin de que aun la mera mención del enemigo esta mañana no resulte en un subtema de su pensamiento este día. Si esto ocurre, resístase a él inmediatamente, y conscientemente vuelva a alabar y adorar al Señor. El enemigo no puede subsistir donde se elevan alabanzas enfocadas en Dios.

Reflexión vespertina

¿Qué sintió hoy al alabar a Cristo por su victoria?

¿Hubo alguna lucha en usted? ¿Procuró el enemigo obstaculizar su alabanza y oración?

¿Cómo respondió usted?

Finalice este día expresando sus sentimientos de gratitud a Dios por la vida que es suya en Cristo y la victoria que él le da cada día.

Semana 5: Día 1

Semana 5: Día 2
La guerra espiritual y la iglesia del Nuevo Testamento

Comienzos

Al pensar en Jesús esta mañana con fe y gratitud, pasemos luego a pensar en nuestro día con confianza en él, en su poder para prepararnos y en su poder sobre lo que hoy hemos de enfrentar. Dele gracias a Dios por la paz que esta seguridad da.

Cuando me encontraba en Littleton, un suburbio de Denver (donde está la escuela secundaria Columbine), a fin de dirigir prácticas de caminatas de oración para las iglesias en el área de Denver, noté que no podía ver las Montañas Rocallosas. Sabía que estaban justo al oeste de la ciudad y había contado con poder ver su belleza y majestuosidad. Pero, a pesar de su gran altura no podía verlas. ¿Por qué? Porque Littleton está asentada al pie de las estribaciones. Yo sabía que las montañas estaban justo detrás de esas estribaciones, pero como me encontraba tan cerca, las estribaciones parecían más altas que las montañas. De no haber sabido que en realidad las montañas eran más altas, hubiera pensado que las estribaciones eran más altas que las Rocallosas mismas. Recién cuando fui en coche varios kilómetros hacia el este de Littleton y miré hacia atrás, aparecieron en el oeste las imponentes montañas. Al admirar su esplendor, casi ni noté las estribaciones y, cuando lo hice, parecían más bien ser candilejas que iluminaban el escenario sobre el cual se lucía la majestuosidad de las montañas.

Toda oración intercesora es una guerra espiritual.

De cerca, en medio de la guerra espiritual, las estribaciones de nuestros enemigos pueden parecer enormes y abrumadoras. Y más peligrosa aún es la habilidad de ellos para impedir que a veces podamos ver las imponentes montañas de donde viene nuestra ayuda. Esta es una experiencia común para los oracaminantes, que son la tropa de avanzada que cumple los propósitos de Dios para su reino. Cuando esto sucede, necesitamos cuidarnos de la tentación de valernos de nuevas maneras de guerrear. En cambio, necesitamos dar un paso atrás y volver a tener la perspectiva del modelo bíblico.

¿Cuál era el testimonio de los enemigos del evangelio con respecto al impacto de la iglesia en la época del Nuevo Testamento? (Hech. 17:6) _____

Sí, a pesar de estar rodeada por todo un mundo saturado de maldad y bajo la influencia del enemigo, la iglesia del Nuevo Testamento era percibida como un ente que tenía poder suficiente para trastornar el mundo. ¿Cuáles eran los elementos centrales de su estrategia? Un estudio exhaustivo del libro de los Hechos revela cuatro que se destacan como los principales.

Por supuesto, la oración era fundamental. Desde el primer capítulo de Hechos se nota que la iglesia se dedicaba continuamente a la oración (versículo 14). Cuando las cosas andaban bien, oraban (3:1). Cuando no iban bien, oraban (4:24). Y cuando la iglesia creció súbitamente, bajo el paso de tantas responsabilidades empezaron a descuidar su vida de oración. Pero los líderes enseguida volvieron a afirmarse: "Y nosotros continuaremos en la oración y en el ministerio de la palabra" (6:4). *Oraban.*

Aquí observamos la vida exterior de la iglesia y vemos que es una proyección de su vida interior. No estaban desconectadas. Los creyentes vivían lo que oraban: verdad, fe y seguridad en Dios. Ponían en práctica el evangelio con integridad y fidelidad. *Tenían vida.* Hechos 5, un buen ejemplo de esta modalidad, también incluye un ejemplo de infidelidad y su resultado (Ananías y Safira).

Cuando la oposición era intensa e insistente, la iglesia sencillamente permanecía fiel, sin ceder y sin claudicar. "Juzgad vosotros si es justo delante de Dios obedecer a vosotros antes que a Dios. Porque nosotros no podemos dejar de decir lo que hemos visto y oído" (Hech. 4:19, 20). Se negaron a ser intimidados. *Permanecieron firmes.*

El mismo pasaje destaca la cuarta característica preponderante en su estrategia para hacer avanzar el reino: anunciaban la verdad en medio de su mundo. Cuando se cuentan las veces en que cada uno de estos elementos es puesto en práctica por la iglesia primitiva, este último lleva la delantera por mucho. La iglesia comprendía que el evangelio "es poder de Dios para salvación" (Rom. 1:16) y anunciaba la verdad entre la gente y las situaciones, confiando que el Señor daría la victoria. Y él lo hacía. *Ellos proclamaban.*

Orar, vivir, permanecer, proclamar.

Hay en Hechos ciertos incidentes de encuentros directos con demonios pero eran de menor importancia dentro del ministerio del evangelio (5:16; 8:7; 19:12) o respuestas reactivas a encuentros directos con personas dominadas por ellos (13:8; 16:16). Ni una sola vez sucedió que la iglesia primitiva, extendiendo el reino obedientemente, hubiera emprendido una iniciativa activa contra el diablo y sus huestes. No le dieron su tiempo ni su atención al enemigo. Partiendo de un constante caminar orando fielmente y de una dependencia centrada en Dios, ponían en práctica y anunciaban la verdad transformadora del evangelio. Las fuerzas consolidadas de las tinieblas se veían forzadas a huir y la luz liberadora del evangelio comenzaba a alumbrar. En esas raras ocasiones cuando eran confrontados por una oposición demoníaca directa, sencillamente ordenaban a los demonios que se retiraran en el nombre de Jesús, y estos se retiraban. Bíblicamente, la guerra espiritual tiene en su centro una vida y una proclamación cristianas fieles.

Toda oración intercesora es una guerra espiritual. Interceder por otros es luchar por ellos contra el enemigo. La caminata de oración es de oración intercesora invasora. De hecho, estamos avanzando en territorio del enemigo y debemos comprender que orar intercediendo *in situ* es entrar en combate contra el enemigo. Para tener éxito, es de primordial importancia que mantengamos nuestros ojos puestos en Jesús y no dejemos que se desvíen hacia el que pretende ser el usurpador.

Lo mejor que la iglesia del siglo XXI puede hacer es seguir el modelo bíblico de la iglesia del siglo I. Al hacerlo, tendremos los mismos resultados: vendrá su reino y se hará su voluntad.

A lo largo del día

Emprenda su día regocijándose en la realidad de que Dios ya nos ha dado en Cristo todo lo necesario para vivir la vida cristiana piadosa y victoriosamente. Determine encarar las oportunidades de este día en base a esta realidad.

La caminata de oración de hoy

Haciéndole seguimiento a una caminata de oración anterior o avanzando a un nuevo lugar, repase los cuatro elementos que constituyen el modelo de la iglesia del Nuevo Testamento y proyéctelos a sus oraciones *in situ*. Tome nota de cómo el Espíritu lo guía al caminar y orar.

Reflexión vespertina

Al reflexionar una vez más en los cuatro elementos del modelo que ofrece la iglesia primitiva, ¿nota alguno que ha descuidado? ¿Cuál? Pídale perdón al Señor y comprométase a integrar en su vida cotidiana cualquiera que falte.

Semana 5: Día 3
La caminata de oración y el mundo

Comienzos

Habiendo llegado a la mitad de los estudios de esta semana sobre la guerra espiritual que enfrenta el oracaminante, usted sin duda ya habrá percibido actividades malignas a su alrededor. Esta mañana, empecemos declarando el lugar preeminente de Cristo Jesús como Señor sobre todas las cosas, incluyendo cada detalle de nuestra vida. Alábelo.

Ahora empecemos estos próximos tres días de estudio abriendo nuestra Biblia en Efesios. En el capítulo 2, versículos 1 al 3, Pablo da un bosquejo conciso de las tres fuerzas principales que actúan a nuestro alrededor al procurar seguir a Jesús con fidelidad. Luego, en el capítulo 6, versículos 10 al 18, encontramos un plan minucioso para alcanzar el éxito en esta lucha.

¿Cuál es la primera fuerza que presenta Pablo? (Ef. 2:2).

Sí, es el mundo. Cuando Adán y Eva eligieron rechazar a Dios y su verdad, y creer en las mentiras tentadoras del enemigo, no solo cayeron ellos sino que nuestro mundo se convirtió también en un lugar caído. Este contexto, este ambiente en que ahora nos movemos, es un lugar caído en el cual el pecado y la rebelión que representa lo pervierte todo. Creyentes y no creyentes por igual enfrentan cada día presiones para resistir a Dios y su plan para ellos, y seguir en cambio los caminos del mundo.

Por cierto que el mundo es impersonal, pero es importante recordar que no funciona independientemente de los seres humanos. Si un negocio se caracteriza por el engaño, no es el negocio lo engañoso, sino que lo son las personas. Si una institución se caracteriza por la deshonestidad, no es porque la institución sea inherentemente deshonesta. Es porque la gente lo es. Pablo explica claramente que es así como nosotros caminábamos antes. Pero ya no. Ahora no solo tenemos el poder y las armas para vivir victoriosamente en medio de un mundo opositor, sino que también contamos con el privilegio y la responsabilidad de orar intercediendo por otros a fin de que también ellos puedan ser librados de su nefasto poder.

Lea Efesios capítulo 6, versículos 10 al 18. ¿Qué propósito tiene la armadura? _____

Sí, no solo aquí en Efesios sino también a través del Nuevo Testamento el tema en la guerra espiritual es resistir al maligno y sus ardides. Las seis partes presentadas de la armadura son esenciales y funcionan de una manera integrada, complementándose a fin de lograr esta meta de permanecer firmes contra el enemigo. Pero dos de ellas son de relevancia especial en nuestros intentos para que nuestras luchas sean exitosas en el mundo. Son el cinturón de la verdad y la coraza de justicia.

La verdad saca a luz las mentiras del mundo y sus caminos. Es significativo que Pablo asocia la verdad con el cinturón, el cual se ponía primero, antes que el resto de la armadura. Al iniciar nuestro trayecto en el mundo, tenemos que colocarnos primero la verdad de Dios si esperamos permanecer firmes y fieles. Al ponernos primero la verdad, podremos reconocer las sutilezas de las decepciones mundanas y, de esta manera, tomar las medidas para rechazarlas.

Justicia significa bueno, puro, recto. Así fuimos creados (Ecl. 7:29) pero todo eso se perdió en la caída. Ahora no hay ni un justo (Rom. 3:10). Pero Jesús ha dado su propia justicia que hacemos nuestra al recibirla con fe (Ef. 4:20-24) y volvernos continuamente de lo malo a un pensar y vivir correctos (1 Tim. 4:7).

La conexión de la justi-

A través del Nuevo Testamento el tema en la guerra espiritual es resistir al maligno y sus ardides.

cia con la coraza es significativa. La coraza protege el corazón y los órganos vitales. De la misma manera, la justicia protege el corazón y el diario vivir de los creyentes. Vístase de la justicia de Cristo. Viva piadosamente y su corazón estará protegido de la impureza y el veneno que esta acarrea.

A lo largo del día

Conscientemente, empiece su caminar en el mundo hoy con un absoluto reconocimiento ante Dios de su verdad y comprometiéndose a vivir a la luz de ella.

Asegúrese de que la justicia caracterice su vida. ¿Hay algún área de su vida donde el Espíritu le está mostrando que necesita entregarla a Dios, o alguna actitud o actividad pecaminosa por la cual no ha pedido a Dios que le perdone y le limpie?

La caminata de oración de hoy

Pídale a Dios que le muestre un lugar o persona donde el poder del mundo está consiguiendo que lo sigan. Vaya allí y ore intercediendo por esa persona o por aquellos en ese lugar, intercediendo a la luz de la verdad que confronta directamente al engaño que allí prevalece. Sea sensible a fin de responder y orar según Cristo guíe sus pensamientos y percepciones.

Reflexión vespertina

¿Se sintió acosado o impedido hoy al poner en práctica estas realidades de la guerra espiritual? De ser así, ¿de qué manera(s)?

¿Qué verdad le dio el Espíritu Santo para confrontar este ataque sobre usted?

¿De qué manera se sintió guiado al orar intercediendo en su caminata de oración de hoy?

Semana 5: Día 4
La caminata de oración y la carne

Comienzos

Quizá le resulte difícil aquietar su mente y corazón esta mañana debido a las luchas espirituales, y aun a los ataques directos del enemigo. Tomando la verdad del Salmo 31:14, 15, confiese: "Yo he confiado en ti... Tú eres mi Dios", y admita: "En tus manos están mis tiempos".

Regresando a Efesios 2, observemos el versículo 3. ¿Cuál es la fuerza poderosa que Pablo mencionó aquí? _____

Es la carne, nuestra naturaleza pecaminosa que todos antes seguíamos y obedecíamos. La "carne" es nuestra naturaleza interior rebelde y contraria a Dios que siempre se inclina hacia la voluntad y acción egoístas. Ella también, como el mundo, es impersonal y nunca funciona independientemente de las personas. Las películas no son lascivas, la gente lo es. En el caso de los no creyentes, esta naturaleza carnal y pecaminosa guía y controla la vida. En nuestro caso vive luchando por recuperar algo de su lugar y su poder anteriores.

Al caminar en el Espíritu, nuestra naturaleza carnal procura ejercer su poder distrayendo nuestros pensamientos, desafiando nuestra obediencia, ofreciendo tentadoras alternativas y aun resistiendo nuestra resistencia. O sea que la lucha interior por mantener nuestro enfoque y tenor espiritual es incesante.

Observando nuevamente Efesios 6, encontramos otras dos partes de la armadura de particular importancia en este aspecto. La armadura es también vital en nuestros esfuerzos por vivir la vida victoriosamente como una caminata de oración santa.

> *Al caminar en el Espíritu, nuestra naturaleza carnal procura ejercer su poder.*

La primera pieza de la armadura se refiere a estar "calzados vuestros pies con la preparación para proclamar el evangelio de paz" (versículo 15). Pablo indicó en 2:3b que una de las maneras como nuestra naturaleza interior pecaminosa se manifiesta es "haciendo [nosotros] la voluntad de la carne". El calzado del guerrero lo preparaba para el movimiento rápido, seguro, cuando era desafiado o atacado. Antes de acercarnos a Cristo, la ira caracterizaba nuestra relación con Dios y nuestro prójimo. Pero cuando hicimos nuestro el evangelio, la paz suplantó a la ira. Nuestra orientación central, controladora, dejó de ser de enemistad contra Dios. Ahora lo es la colaboración pacífica. Cada día, al prepararnos para caminar, podemos hacer que las buenas nuevas de la verdad sean las que nos impulsan.

La otra pieza es el "casco de la salvación". Pablo pasa a decir (nuevamente en 2:3b) que la otra manera de colaborar con la carne se manifiesta "haciendo la voluntad de... la mente". Es obvio que el casco tiene el propósito de proteger la cabeza, el centro del pensamiento. Cuando Pablo conectó el casco con la salvación y lo incluyó como parte vital de nuestra armadura para resistir el mal y permanecer firmes en la fe, nos estaba mostrando que tenemos todo lo que necesitamos. Nuestra nueva vida en Cristo, con todas sus realidades liberadoras y transformadoras, es más que suficiente para guardar nuestra mente. De hecho, en la salvación, tenemos ahora la mente de Cristo (1 Cor. 2:16). Dejando con gusto que sus pensamientos guíen nuestra vida, nos aseguramos de caminar y guerrear victoriosamente.

A lo largo del día

Sea especialmente consciente hoy de sus pensamientos y sus pasos. Pídale a Dios que le muestre cualquier aspecto en que usted no está pensando o viviendo como él quiere. Modifique su vida hoy en cualquier punto donde percibe que la carne está procurando reinar.

La caminata de oración de hoy

Teniendo una nueva percepción de las maneras como la carne guía a los seres humanos, pídale a Dios que le muestre una persona o un lugar por el cual él desea que usted ore intercediendo este día. Diríjase a ese lugar y ore a la luz de su conocimiento del poder que la carne tiene y manifiesta. Interceda específicamente, pidiendo que el poder liberador del evangelio dé su fruto en esa vida.

Reflexión vespertina

¿De qué formas sintió hoy los esfuerzos de la carne por dirigir sus pensamientos y acciones? ¿Cómo respondió usted?

¿Cómo aplicó las realidades del calzado del evangelio y el casco de salvación?

Semana 5: Día 4

Semana 5: Día 5
La caminata de oración y el diablo

Comienzos

Regocíjese ante la realidad de que Jesús, nuestro Salvador, ha vencido el pecado, la muerte y el diablo. Declare conscientemente la verdad de que usted está en Cristo y reafirme que el enemigo no lo puede tocar a menos que Jesús lo permita y que, Dios no lo quiera, usted le abra la puerta por pecar. Alábelo y agradézcale.

Al observar una vez más Efesios 2:2, veremos la tercera fuerza que obra en nuestro mundo para apartar a la gente de Dios. ¿Cómo la describió Pablo aquí? _____

_____

La describe como el príncipe de la potestad del aire que actúa en los que son desobedientes. Basándonos en la explicación de Jesús de la parábola de la cizaña en Mateo 13:36-39, sabemos que este es el enemigo, el diablo.

En contraste con el mundo y la carne que son impersonales, el diablo es tanto personal como directo en sus operaciones malignas. Y contrariamente a lo que algunos piensan, su campo de operaciones no son las estructuras o lugares o circunstancias. Su campo de operaciones es el entorno humano. Usa al mundo y la carne como cauces para sus esfuerzos pero obra en los seres humanos y a través de ellos, vía su consentimiento y complicidad, con el fin de esclavizarlos, impactar e influenciar negativamente a otros.

Satanás odia particularmente a los que aman a Dios y desean vivir no solo una vida de santidad sino de cooperación con Dios para que su reino se extienda a todos los pueblos. Es importante destacar que él obra activamente para impedir que los inconversos conozcan a Dios (2 Cor. 4:4), a la vez que acusa a los creyentes ante Dios procurando su permiso para atacarlos (Job 1 y 2).

Las dos piezas restantes de la armadura son especialmente apropiadas para reafirmar personalmente la victoria de Cristo sobre el diablo cada día de nuestra vida. La primera es el escudo de la fe (Ef. 6:16). Pablo declara explícitamente que la fe es nuestra protección y defensa contra los dardos de fuego que el enemigo dirige periódicamente en nuestra dirección. La fe en Dios es el escudo que nunca falla porque prácticamente declara que estamos dependiendo de él para guardarnos y protegernos. Y él no puede fracasar.

> *El enemigo no lo puede tocar a menos que Jesús lo permita y que, Dios no lo quiera, usted le abra la puerta por pecar.*

La última pieza de la armadura es la única arma: la espada del Espíritu que es la Palabra de Dios (6:17). Todas las demás piezas brindan protección. Ésta proporciona la capacidad ofensiva que hace huir al enemigo. El ejemplo más claro de esta Palabra-arma en acción se encuentra en el relato de la tentación de Jesús en el desierto (Mat. 4:1-11). Cada embestida del enemigo fue detenida y rechazada por el contraataque relevante de las Escrituras. Hacer lo mismo nos asegurará la victoria.

Aunque ahora pareciera que Pablo ha terminado de presentar todo lo que se necesita para una guerra espiritual victoriosa, no es así. Aparte de la metáfora de la armadura hay una última actividad esencial ¿Cuál es? (Ef. 6:18, 19)

Una vida de incesante oración, iluminada y energizada por el Espíritu de Cristo que mora en los creyentes, no solo asegura la victoria, sino que dota de poder a los que proclaman el camino de la victoria, y asegura la victoria liberadora que obtienen los que todavía viven atrapados en la trampa del pecado. Los oracaminantes son exactamente este tipo de guerreros.

A lo largo del día

Es imprescindible que nos guardemos de todo pecado, ya que al no hacerlo le estamos abriendo la puerta al diablo y dándole su oportunidad. Asegúrese de que no haya ningún pecado conocido en su vida. Luego emprenda este día con la confianza de que Dios lo protegerá y usará para el avance de su reino.

La caminata de oración de hoy

¿Hay algún lugar o área hacia el cual ha sentido que Dios lo dirigía para orar en ese sitio? Pídale que le indique si él quiere que camine en ese sitio hoy para interceder por los de allí.

Si no, sea sensible a la posible dirección del Espíritu hacia alguien que ha caído en la trampa del pecado y ore por él, pidiéndole que obre misericordiosamente en la mente y en el corazón de aquella persona.

Reflexión vespertina

¿Qué experiencias tuvo hoy al caminar en el Espíritu?

¿Sintió algún intento del enemigo por frustrarlo o atacarlo? De ser así, ¿qué sintió? ¿Cómo respondió usted?

Dé gracias a Dios por su victoria en su vida por medio de Cristo.

Semana 6

Caminatas de oración para que todo el mundo sepa

VERSÍCULO CLAVE

Pídeme, y te daré por heredad las naciones, y por posesión tuya los confines de la tierra
(Sal. 2:8).

Esta semana:
- investigaremos maneras de incorporar las caminatas de oración en su iglesia
- descubriremos maneras de proyectar las oraciones intercesoras dentro de su comunidad
- consideraremos caminatas de oración para toda su ciudad
- veremos nuestro lugar en las oraciones a favor del mundo entero
- descubriremos el aspecto culminante de las caminatas de oración

Semana 6: Día 1
Las caminatas de oración y su iglesia

Comienzos

Al iniciar esta última semana de estudio de *Ore mientras camina*, reflexione un momento en cómo Dios lo ha transformado por medio de este estudio, inclínese ante él y exprésele su gratitud. Luego, pídale que le muestre esta semana cómo quiere usarlo a usted y a sus compañeros como oracaminantes estratégicos en su comunidad y en el mundo.

Viajando a lo largo y ancho de nuestra nación, un lamento común que oigo de parte de demasiados pastores tiene que ver con lo "muertos" que son los cultos de oración de entresemana. La oración es substituida por hablar sobre la oración, y las reuniones otrora vibrantes que se caracterizaban por oraciones fervorosas de intercesión se han degenerado convirtiéndose en "recitales de órganos". El puñado de personas presentes se toma su tiempo para recitar, con lujo de detalles, la condición del hígado de la hermana Tal y de la vesícula del hermano Cual.

Aunque esta situación es deplorable, no todo está perdido. Los líderes de iglesias, sensibles a nuestro Dios infinitamente creativo, están descubriendo maneras maravillosas de integrar a la vida de la iglesia la oración en los propios sitios que son motivo de la oración y viendo, en general, que esta adquiere nueva vitalidad en sus congregaciones.

Cierto pastor le pidió a los miembros de su congregación que venían a la reunión de oración de la iglesia, que salieran de casa treinta minutos antes. Comprometiéndose como siervos de Dios a ser usados como él quisiera, acordaron detenerse en algún lugar camino al templo y llamar a una puerta o dos. Presentándose a los residentes, dirían sencillamente: "Estamos en camino a la reunión de oración de nuestra iglesia y nos preguntábamos si habría alguna necesidad por la cual podríamos orar por usted". Para su sorpresa, gente totalmente desconocida estaba dispuesta a compartir necesidades imperiosas, tales como un hijo con problemas en la escuela o un esposo que acaba de quedar sin trabajo. El pastor comentó que, al poco tiempo, la reunión de oración estaba "fuera de control" al manifestar los miembros las necesidades que habían descubierto y al exhortarse los unos a los otros a orar. Poco después empezaron a ver desconocidos en sus cultos del domingo ¡y descubrieron que era la misma gente por la cual habían estado orando!

Las reuniones otrora vibrantes que se caracterizaban por oraciones fervorosas de intercesión se han degenerado convirtiéndose en "recitales de órganos".

Otra iglesia envió tarjetas postales a todas las casas en un vecindario, anunciando que un grupo estaría orando en su área el próximo miércoles a las 7 de la noche. Se les pedía que llamaran a la oficina de la iglesia para mencionar sus necesidades de oración o que estuvieran atentos a la llegada del grupo de oracaminantes. Cuando estos llegaron, la gente los esperaba. No solo pudieron orar por varias familias, también ganaron a dos personas para Cristo.

En Alabama, cierta iglesia envía parejas de oracaminantes todos los miércoles a la noche. Cada pareja va a la misma calle todas las semanas de modo que los vecinos los van conociendo. Aprenden nombres y se enteran de necesidades. Oran por cada hogar y cada vez más pueden orar con los vecinos personalmente. Los vecinos esperan impacientes su retorno para compartir necesidades específicas de oración. Además, los de la congregación que no pueden salir recorren los pasillos del edificio educacional orando como preparación para la escuela dominical del próximo domingo, o se reúnen para orar intercediendo por los que en ese momento están realizando caminatas de oración por las calles.

En Oklahoma, una iglesia pregunta a todos los que se anotan en la clínica médica/dental gratuita, si tienen alguna necesidad por la cual orar. Un grupo especial, formado con el solo propósito de orar intercediendo por estas personas, lo hace y realiza luego el seguimiento correspondiente.

Otra congregación organizó caminatas de oración en todos los sectores alrededor del templo como preparación para su próxima Escuela Bíblica de Vacaciones. Al regresar, un señor ya mayor que acababa de realizar su primera caminata de oración comentó muy emocionado: "Me di cuenta, al orar casa por casa, de que quizá mi oración puede haber sido la única oración jamás elevada por la salvación de esa persona. Y esa oración puede determinar el destino eterno de esa alma".

Dios quiere hacer de la oración iluminada por el Espíritu en nuestro mundo una parte integral de cada ministerio cristiano y evangelístico de la iglesia. Lo hará si le pedimos que nos muestre cómo quiere hacerlo singularmente en nuestro ambiente y al comprometernos a ser una iglesia que ora y cuyos miembros oran mientras caminan. (Dicho sea de paso, la inscripción en la Escuela Bíblica de Vacaciones de la iglesia mencionada subió de 66 a 253 durante la semana, y una docena de los niños mayores aceptaron a Jesús como su Salvador.)

A lo largo del día

Pídale a Dios que le muestre cómo quiere que las oraciones *in situ* abran el camino a un nuevo ministerio de la iglesia. Preste atención a cómo le contesta. Cuéntele la respuesta del Señor a su pastor o a los líderes de oración de su iglesia.

La caminata de oración de hoy

Por medio del estudio de hoy, ¿le ha dado Dios una nueva idea de cómo orar en su comunidad? Considere hacer allí una caminata de oración. O puede que sienta usted que el Señor le pide que camine con él en un vecindario y deje que le muestre lo que él ve allí. Acompáñelo en esta "inmersión de caminata de oración" sin decir nada, solo observando mientras él lo "sumerge" en la comunidad.

Reflexión vespertina

¿Ha sido este un día emocionante al ampliar Dios sus horizontes? De ser así, ¿cómo?

¿Le ha mostrado Dios una o dos maneras como quiere que la oración *in situ* se convierta en parte del ministerio de su iglesia? Escríbalas.

Semana 6: Día 1

Semana 6: Día 2
La caminata de oración y su comunidad local

Comienzos

Con un gozo anticipado por la revelación de Dios ayer sobre algunos de sus deseos para su iglesia, empiece hoy elevando acciones de gracias. Luego pídale a Dios que le ayude a levantar sus ojos hoy y ver los campos en sus propios poblados y ciudades, y empiece a ver maneras cómo ustedes, siendo oracaminantes, pueden cambiarlos según los anhelos de Dios.

Cuando un grupo de creyentes que ha estado con Jesús ora resuelta y valientemente, no pasará mucho tiempo antes de que salgan a su comunidad y afecten cada aspecto de la vida comunitaria. ¿Recuerda la iglesia del primer siglo y el relato que estudiamos en Hechos 4? El lugar donde se habían reunido tembló al instante y, de allí en adelante, ¡cada lugar donde se encontraba la iglesia temblaba!

Cuando oramos, estamos haciendo público que coincidimos con los anhelos de Dios para este mundo necesitado y pedimos en el nombre de su propio Hijo, lo cual asegura una respuesta. Entonces, no solo sabemos que él contestará, sino que cuando lo haga él recibirá todo el mérito y, por lo tanto, toda la gloria.

¿Dónde, en su ciudad o comunidad, las cosas no son como son en el cielo? (Mat. 6:10)

En Virginia, un grupo de madres cristianas, preocupadas e interesadas por sus hijos en la escuela, empezaron a reunirse todos los viernes a la mañana en el estacionamiento de la escuela. Estacionaban sus autos y todas se juntaban en la camioneta de una de ellas. Allí, en el mismo sitio de la escuela, hacían frente cada semana a las actividades del maligno en la escuela y pedían a Dios lo mejor para toda la comunidad escolar. A veces, el personal administrativo les llevaba pedidos de oración urgentes a la camioneta.

Las acciones y decisiones de las autoridades públicas de cierta ciudad no honraban a Dios. Creyentes intercesores empezaron a asistir a las reuniones del concilio municipal, sentándose atrás en silencio, escuchando, observando, interviniendo en oración silenciosa de acuerdo con los deseos de Dios. El ambiente y las acciones empezaron a cambiar positivamente mientras el grupo seguía orando.

El vecindario alrededor de una iglesia en San Diego estaba teniendo un índice elevado de crímenes y tantos tiroteos a mansalva que los miembros tenían miedo de asistir al templo. La iglesia estaba a punto de morir. Algunos aconsejaban establecerse en otro lugar. Al buscar la dirección de Dios, decidieron quedarse y emprender "tiroteos" de oración. Los disparos cesaron, y la iglesia tiene ahora un ministerio vital a muchos de los que antes cometían los crímenes.

En Carolina del Norte, las iglesias de un condado (departamento) se juntaron para realizar lo que llamaron "Oración a las puertas del condado". Ubicándose al costado de cada carretera que iba al condado, los que oraban *in situ* sentados en sus sillas de jardín, cumplían turnos de dos horas de oración durante las cuales intercedían por su condado y todos los que llegaban a él. Al pasar, las personas en los coches veían su letrero: "Acabamos de orar por usted".

Al ver el cartel, un hombre dio media vuelta y regresó. Estaba sumido en problemas. Los intercesores al costado del camino, orando silenciosamente, escucharon el recuento de sus dificultades. Luego compartieron con él la esperanza que había en ellos, y ese día ese hombre se retiró de ese punto de oración siendo una nueva criatura en Cristo.

Cuando oramos, hacemos público que coincidimos con los anhelos de Dios para este mundo necesitado.

Otro día una mujer fue a la sede del condado para atender asuntos legales relacionados con el hecho de que su esposo le había pedido el divorcio. Lloraba tanto que cuando se retiraba tomó el camino equivocado (¿o acertado?) para salir de la ciudad. Vio al grupo intercesor con su cartel. Se detuvo y, entre sollozos, empezó a contarles su historia. La consolaron, hablaron con ella y la ayudaron a volver a restablecer su relación con Cristo a tal punto que cuando los dejó literalmente saltaba de gozo por la liberación que sentía.

¿De qué otras maneras se puede orar por su comunidad?

Pueden interceder por las fuerzas del orden. Habiendo obtenido el nombre de cada agente de policía en su comunidad, cada intercesor de una iglesia "adoptó" uno por quien orar constantemente. Además, pactaron orar por todo el personal de policía cada vez que vieran un auto de policía.

Pueden orar en zonas escolares. La gran mayoría de las comunidades identifican las zonas escolares para que el tránsito vaya más despacio. Intercesores sensibles aprovechan los letreros y el hecho de tener que aminorar la marcha para orar por cada escuela que pasan.

Pueden orar cuando se oye una sirena. Cada vez que pasa una ambulancia o camión de bomberos tocando su sirena, es señal para orar instantáneamente intercediendo por los involucrados en la situación.

Y mucho más.

Cristo quiere que su iglesia toque este mundo a cada paso y que acerque a él a las personas. Preeminentemente, los oracaminantes son los que están siempre listos para hacer justamente eso.

A lo largo del día

Dé gracias a Dios por el increíble privilegio que tenemos de influir sobre nuestro mundo y cambiar su rumbo por medio de la oración por la comunidad elevada *in situ*. Ore pidiendo que los creyentes en toda nuestra nación y el mundo sean sensibles a esta enorme oportunidad.

La caminata de oración de hoy

Elija una organización o entidad en su comunidad donde nunca haya estado. Diríjase a ese lugar e interceda por los que trabajan allí.

Reflexión vespertina

¿Hacia dónde lo guió Dios el día de hoy?

¿Cómo le impulsó él a orar?

¿Qué clase de experiencia le resultó ser?

Semana 6: Día 2

Semana 6: Día 3
La caminata de oración y su ciudad

Comienzos
Dele gracias a Dios por la unidad que ahora goza con él gracias a Cristo. Adórelo en santidad y mire con los ojos de la fe un día futuro en que habrá quienes lo adoren en cada sector de su ciudad o pueblo.

En esta oportunidad, observemos la oración de Jesús tal como aparece en Juan 17. ¿Qué indicó Cristo como esencial si el mundo habría de creer en él?

La unidad entre los discípulos de Cristo es esencial no solo para que sus oraciones sean contestadas (Mat. 18:19) sino también para que un mundo incrédulo crea. Jesús enseñó y oró esta verdad vital y la iglesia primitiva la puso en práctica (Hech. 1:14). Hoy la vemos llevada a la práctica de maneras maravillosas a medida que la iglesia universal de Jesucristo se une para interceder en oración en gran escala por ciudades y pueblos enteros.

> *Los intercesores no solo se sienten más unidos a Dios sino también a las personas en su sector.*

En Purcell, Oklahoma, había sido costumbre de los pastores de la alianza ministerial reunirse cada año el Día Nacional de Oración y orar juntos en uno de los templos. Roy Lucas, uno de los pastores en ese lugar, hacía poco había asistido a sesiones de capacitación y práctica para realizar caminatas de oración y sugirió que, en lugar de hacer lo de siempre, se dividieran en parejas y llevaran sus oraciones a las calles.

Trazaron rápidamente un plan y salieron a recorrer las calles, entrando y orando en cada negocio y oficina. Tanto el jefe de policía como el jefe de bomberos reunieron a sus empleados cuando vieron lo que los pastores estaban haciendo. La reunión del intendente y los concejales hizo una pausa para sumarse a la oración que por ellos elevaban los pastores.

Una pareja casi pasa de largo una oficina de abogados, pero sintiéndose impulsados por el Espíritu Santo entraron. Cuando le dijeron a la recepcionista qué hacían allí, ella les señaló la sala de conferencias y dijo: "Bueno, supongo que es bueno que estén aquí porque se necesitará un milagro para resolver esa disputa".

Al prestar atención, podían oír que en la sala alguien discutía acaloradamente. Inclinándose ante Dios, pidieron que diera sabiduría a los que disputaban, y que prevaleciera la paz. Una hora después, los pastores se encontraban reunidos en uno de los templos para intercambiar experiencias y alabar a Dios cuando entró apresuradamente la recepcionista. Casi sin aliento dijo: "Los he estado buscando en todas las iglesias de la ciudad. Lo único que puedo decirles es: '¡Asombroso!'. Justo después de que llegaron ustedes y oraron, hubo silencio en la sala de conferencias y todos llegaron a un acuerdo".

En Russellville, Arkansas, siete iglesias de diferentes denominaciones se juntaron para tener siete semanas de oración concertada con el fin de abarcar toda su zona. Trazaron un círculo de 128 kilómetros alrededor de su comunidad y cada domingo a la tarde, intercesores de todas aquellas iglesias tomaban sus autos y, orando, recorrían todo el circuito. Luego se reunían en el edificio de una de las iglesias para orar juntos. El último domingo se reunieron más de dos mil personas en el coliseo de la ciudad para realizar un gran culto unido de oración y alabanza.

Cierto equipo misionero que vive en una gran metrópolis en Asia ha dividido el mapa de toda la ciudad en cuadrados. Cada semana tienen su reunión de equipo en las calles de la ciudad. Se reúnen cada vez en el lugar correspondiente a un cuadrado distinto elegido con anterioridad. De esta manera, no solo mantienen una unidad de vida y propósito como equipo, sino que también están constante y sistemáticamente orando por toda su ciudad.

Una iglesia en Richmond, Virginia, invita a otras iglesias

a reunirse cada septiembre y enero para enviar equipos de caminatas de oración a cada una de las catorce escuelas en su zona. Realizan esto como un esfuerzo unificado para orar intercediendo por el plantel de maestros, el personal administrativo y los alumnos al comienzo de cada semestre.

En Casper, Wyoming, intercesores se han comprometido a realizar caminatas de oración semanalmente en un sector de la ciudad de alto índice de crecimiento donde necesita sembrarse una iglesia.

En muchas ciudades alrededor del mundo, líderes de oración han dividido a su ciudad en segmentos, e iglesias individuales o intercesores han aceptado la responsabilidad de orar intercediendo por distintos segmentos. Estos tipos de oración unificada y concertada produce resultados tanto personales como colectivos. Los intercesores no solo se sienten más unidos a Dios sino también a las personas en su sector. Las iglesias descubren la visión y el amor de Dios por su ciudad y adaptan su vida colectiva a los deseos de él.

Dios anhela intensamente alcanzar su ciudad y tocar a los que sufren. Lo hace por medio de los que caminan cerca de él. Un modelo general que el Señor ha bendecido en innumerables lugares cuenta con dos elementos básicos. El primero es la oración intercesora firme, elevada con regularidad por un grupo pequeño de intercesores que claramente tiene un profundo interés y llamado a este ministerio. A esto se le suman "bombardeos" ocasionales de intercesores a gran escala. (Estos oracaminantes ocasionales deben recibir una capacitación básica breve antes de ser enviados. Con este fin se puede usar el bosquejo de capacitación que aparece en la página 131.

A lo largo del día

Al reconocer el gran amor de Dios por los habitantes de su ciudad o pueblo, pídale que les muestre a usted y a su iglesia cómo quiere él unir a su pueblo en su zona en oraciones a gran escala y a largo plazo implorando que su reino venga a este lugar.

La caminata de oración de hoy

Una de las primeras opciones de su primera caminata de oración de "inmersión" antes de esta semana fue una caminata con Dios para "mirar". Hoy considere una caminata con él para "escuchar". Aquiete su mente y alma con una alabanza silenciosa y luego camine con él y deje que él sea el que hable.

Reflexión vespertina

¿De qué manera le habló Dios este día?

¿Qué hizo usted como respuesta?

Dele gracias al Señor y descanse lleno de la paz que él le da.

Semana 6: Día 4
La caminata de oración en pro de los pueblos de la tierra

Comienzos

Dele gracias a Dios porque amó tanto al mundo que envió a su Hijo amado a la tierra para ser el Salvador de todos los pueblos. Agradézcale su salvación y el privilegio de haber recibido, junto con todos los creyentes, el ministerio de la reconciliación.

A mediados de la década de 1970, cuando era un joven misionero en África, yo creía que los misioneros abrían las puertas cerradas del mundo. Pero tuve que llegar a la conclusión de que estaba equivocado. Los misioneros no abren las puertas cerradas del mundo. Lo hacen los que interceden ante el Señor en oración.

Desde el día que Jesús dio su Gran Comisión a la iglesia, el reino de Dios ha avanzado por todo el mundo. Ahora vemos en cada región del mundo las evidencias obvias de la obra del Espíritu de Dios. Escuchamos testimonio tras testimonio de la venida de su reino entre más y más gente que, hasta ahora, no había tenido la oportunidad de oír las buenas nuevas. El gran acercamiento a Cristo no ha sucedido en un vacío. Está sucediendo como resultado del movimiento de oración más grande en la historia de la humanidad. El Espíritu de oración, ciertamente, cunde sobre la tierra como nunca.

Esta realidad refleja otra realidad aun mayor. Dios es el Autor de toda oración y cuando él llama a su pueblo a presentarse ante él para pedir con una fe enorme y poderosa, es porque quiere contestar en igual medida. El verdadero anhelo de su corazón es que nadie perezca (2 Ped. 3:9). Con este fin, Dios está llamando a intercesores a que vayan a los pueblos y hasta el fin del mundo con oraciones intercesoras fervientes, iluminadas por el Espíritu, a fin de preparar el camino del Señor. ¿Está usted dispuesto a ir si él le llama?

Después de una gran campaña evangelística en Chad, África, los obreros se reunieron para evaluar las áreas donde la gente había respondido con fervor al evangelio y las áreas donde no había ocurrido así. Descubrieron que los lugares donde la gente había respondido positivamente eran justamente aquellos donde habían ido equipos para realizar caminatas de oración antes de la campaña.

En un área musulmana donde los obreros distribuían Nuevos Testamentos y la película Jesús, descubrieron que cuando oraban mientras caminaban y trabajaban, la gente aceptaba los materiales. Cuando no lo hacían, la gente se negaba a recibirlos.

La oración en el sitio mismo donde se espera la victoria, prepara el camino del Señor.

También cambia al pueblo del Señor. En Colombia, un misionero que realiza caminatas de oración escribió: "Yo deseaba ver lo que Dios quería hacer en otros. Él escogió mostrarme lo que quiere hacer en mí".

Cierta iglesia en Oklahoma descubrió que un viaje de oración al campo misionero resulta en cambios tanto en el campo como en su propio lugar. "Volvimos con un interés renovado en nuestra propia ciudad. Además, nuestras reuniones de oración de los miércoles a la noche han cambiado drásticamente. También hemos bautizado a más personas desde que volvimos que en cualquier otro período similar".

Muchos viajes de oración a otros países son parte de estrategias para ganar a grupos específicos de personas. Pero algunos son para naciones enteras. Y no se excluyen continentes ni países a los que es difícil entrar. De hecho, cuando se organizaron caminatas de oración en pro de Libia la entrada al país era prohibida, por lo que los caminantes en oración no podían expresar allí mismo su ansiedad y pasión por la población de dicha nación. Entonces enviaron

> *Los misioneros no abren las puertas cerradas del mundo. Lo hacen los que interceden ante el Señor en oración.*

simultáneamente equipos a todos los países circundantes. Estos equipos fueron a la frontera y literalmente rodearon a la nación con oración mirando aquella nación desde afuera.

Cuando este libro salió a la luz, se estaba llevando a cabo la caminata más grande de oración que hasta ahora se haya realizado, ORACIÓN 2001, para abarcar a todo el continente africano. Creyentes en cada nación de ese gran continente estaban recibiendo a oracaminantes de todo el mundo. Junto con los de cada lugar, hicieron caminatas de oración a lo largo y ancho de los respectivos países. El 3 de agosto del 2001, un gran y fragante incienso de oración intercesora se elevó desde el continente entero al ponerse de rodillas cientos de miles de participantes y pedir a Dios que derramara su misericordia y gracia sobre los habitantes de todo el continente.

Misioneros cristianos de todas las denominaciones están pidiendo el apoyo de equipos que integran caminatas de oración, y de equipos combinados como médico/caminatas de oración y construcción/caminatas de oración. Los misioneros saben que cuando un voluntario usa sus manos para construir un templo, construye un edificio. Pero cuando usa sus manos en oración, edifica la Iglesia. Su pastor puede ponerle en contacto con un misionero o una junta de misiones que desee contar con caminantes de oración en los campos misioneros del mundo. Pida. Busque. Llame.

Y vaya, según Dios le guíe.

A lo largo del día

Ore sin cesar, pidiendo que el reino venga a toda la tierra. Confiese, ya sea su renuencia a ir a otro país para caminar en oración —y pídale perdón y ayuda a Dios—, o su disposición de ir dondequiera que él le guíe.

La caminata de oración de hoy

¿Existe un sector de su comunidad donde viven personas de otra nación? Pregúntele a Dios si puede ir allí y orar para interceder por ellas. Esté listo no solo para orar según él le indique sino para responder según él le guíe. Ore también por su iglesia pidiendo que los hermanos estén dispuestos a ir más allá de su Jerusalén a sus Judeas, Samarias y hasta lo último de la tierra.

Reflexión vespertina

¿De qué manera le sensibilizó Dios con respecto a los perdidos del mundo?

¿Qué le dijo en cuanto a su lugar en el avance del reino en toda la tierra?

¿Cómo ha respondido usted?

Semana 6: Día 4

Semana 6: Día 5
Caminatas de oración hasta el fin del mundo
y el fin de las edades

Comienzos

En este último día de estudio, reflexione en las maneras principales como Dios lo ha transformado. Apúntelas. Luego, humildemente inclínese ante él en oración y dele gracias. Comprométase a seguirle, en oración, a todo el mundo, por el resto de sus días sobre esta tierra.

Dos verdades iluminan el último paso que nos disponemos a dar. Son: 1) Siempre han existido hijos de Dios que han orado al caminar por la vida y 2) reconociendo esta verdad, no cabe duda que en los últimos veinticinco años del siglo XX, Dios empezó a hacer algo singular y tremendo en y con la oración *a-medida-que-caminas*, y la oración *en-el-mundo*. Estas dos verdades son indiscutibles. Un tercer elemento también se hace presente, y es quizá el de mayor significación. Es la escatología.

Esta palabra extraña se refiere a "las últimas cosas". La escatología del Antiguo Testamento se proyecta hacia adelante con dos temas paralelos: esperanza y promesa. La escatología del Nuevo Testamento continúa estos subtemas, pero enfocando principalmente en su cumplimiento. Lo que Dios prometió y los humanos anhelan se ha cumplido en Jesús.

Lea Marcos 1:15. ¿Qué dice Jesús con respecto al tiempo en que se esperaba su venida? _____

_____

Y con respecto a la venida del reino? _____

Sí, el tiempo se ha cumplido y ahora ha venido el reino largamente esperado.

¿Qué nos enseña Jesús a orar con respecto al reino de Dios? (Mat. 6:10) _____

Ciertamente, aquí encontramos que él nos enseña y exhorta a orar para que venga su reino.

Así que la pregunta ante nosotros es: ¿Ha venido el reino o aún ha de venir?

La respuesta es ¡sí!

Este es uno de esos temas que tiene un carácter presente tanto como uno por venir. Dios ha venido para dar libertad del pecado y la muerte a todas las personas. En ese sentido, el reino de Dios ya ha venido. Jesús murió, pagando el castigo de nuestro pecado y logrando así nuestra reconciliación con Dios.

Pero también existe una característica futura. No solo hemos sido reconciliados, sino que hemos sido hechos ministros de esta reconciliación. En esta misión dada por Dios ("Id por todo el mundo y predicad el evangelio a toda criatura", Mar. 16:15), hemos de ir y anunciar este ofrecimiento de valor infinito: "Venid a mí, todos los que estáis fatigados y cargados, y yo os haré descansar" (Mat. 11:28). A medida que, persona a persona, esta invitación es aceptada, el reino de Dios se va extendiendo más plenamente por todo el mundo.

Hay, sin embargo, dos grandes problemas. No tenemos el poder para completar exitosamente este encargo privilegiado. Y los pueblos del mundo no quieren lo que tenemos para ofrecerles.

Dios ha dado la solución para ambos y depende de nuestro vivir y caminar en oración. Por medio de una vida de orar sin cesar, nos valemos de todo lo necesario para la vida y la santidad. Todo fue dado en Cristo y pasa a ser nuestro al pedir y recibir.

En la vida caracterizada por seguir a Jesús a lo largo de cada día, sucede que ésta se va distinguiendo cada vez más por las oraciones cariñosas, fervientes, iluminadas, llenas de fe. Y aquellos en el mundo que necesitan el amor salvador de Dios pero se resisten a él, lentamente van cambiando ante nuestros ojos.

La iglesia que ora es el reino que ha venido. La iglesia que ora mientras camina es el reino que está viniendo.

El Espíritu, en respuesta a nuestras oraciones guiadas por Cristo, ablanda corazones duros, da vista a mentes ciegas, rompe las cadenas del enemigo y cambia la voluntad de un *resistir* a un *querer*. Luego, cuando se anuncia la palabra de reconciliación, es una palabra ya anhelada y es recibida de buena voluntad. Así, en una persona más, su voluntad ha sido hecha y su reino ha venido.

Lea Mateo 24:14. En este que, probablemente, es el pasaje escatológico más explícito del Nuevo Testamento, ¿qué dice Jesús que debe suceder antes de que venga el fin?

_____

_____

_____

Antes de que pueda llegar el fin del mundo, esta palabra que trae el reino, las buenas nuevas, debe ser anunciada a todos los pueblos (eso es lo que la palabra *razas* significa aquí). Por lo que dice Apocalipsis 7:9, sabemos que personas de cada uno de estos grupos de gente creerán en la Palabra y nacerán de nuevo. El reino de Dios, su dominio eficaz, se habrá extendido por toda la tierra. Luego, en el momento que él ha escogido, dará fin a esta era.

La iglesia que ora es el reino que ha venido. La iglesia que ora mientras camina es el reino que está viniendo. Este es el aspecto gloriosamente culminante de las caminatas de oración. Cristo guía a los participantes hacia los últimos baluartes del enemigo sobre esta tierra, y los cautivos reciben libertad. Marche sin detenerse. Ore sin detenerse. Vea cómo viene el reino.

¡Maranata!
¡Y aleluya!

A lo largo del día

Deje que la alabanza inunde su ser y domine cada pensamiento y oración en este día.

La caminata de oración de hoy

Haga de la caminata de oración de hoy, sea donde fuere que vaya, una caminata llena de fe que mira gloriosamente hacia el futuro, y de oración intercesora que hace venir el reino.

Reflexión vespertina

Deje que la grandeza de Dios lo sostenga al descansar en él.

Deje que sus pensamientos sean los de él, y dele gracias y alábelo a medida que estos pensamientos vienen a su mente.

Comprométase con gozo a caminar con él para siempre.

Semana 6: Día 5

¿Cómo puede usted llegar a ser un oracaminante?

Prepárese para caminar

1. Reconozca que Dios lo está llamando para que ore con él en el mundo. ¡Dígale que sí!
2. Permanezca preparado para caminar con él por medio de confesar cualquier pecado escondido y luego manteniendo su vida pura.
3. Lea y medite diariamente en la Palabra de Dios. Su Palabra irá conformando sus oraciones hasta estar perfectamente de acuerdo con su voluntad.
4. Invite al Espíritu Santo para que lo llene y lo guíe cada día.
5. Esté listo para obedecerlo ya sea que lo guíe hacia otro vecindario u otro país.

Salga a caminar

1. Mantenga sus ojos y oídos abiertos. Esté atento y responda en oración.
2. Escuche, luego hable. Siéntase en libertad de orar en silencio o en voz alta. Alábelo y adórelo mientras camina.
3. Vaya con uno o dos compañeros.
4. Camine despacio a fin de que Dios pueda actuar plenamente en usted y por medio de usted.
5. Reclame las promesas de Dios. Bendiga a las personas a su alrededor. Pídale a Dios lo que más anhela para ellas.
6. Esté consciente de que el diablo se va a entrometer y hasta atacar. Resístalo, permanezca firme en su fe y siga adelante bajo la protección de Dios.
7. Confíe en que Dios contestará sus oraciones. Esté listo para saludar y decir una palabra de aliento a los que encuentra, al igual que para compartir el testimonio de su esperanza.
8. Dígales a los que encuentra que usted está orando por ellos y por su vecindario, y pregúnteles si tienen alguna necesidad por la cual quisieran que usted orara a Dios. Ore allí mismo con ellos.

Pensamiento final

Recuerde: Nunca logramos más, con mayor rapidez, que cuando estamos orando.

Guía para el facilitador

Porque ha comenzado a leer esta guía para el facilitador, sé que usted está interesado y dispuesto a ayudar a un grupo de creyentes que cree en la oración a estudiar *Ore mientras camina* y a realizar todas las actividades destinadas a transformar a cada participante en una persona que ora y camina con Dios. Muchas gracias.

Quizá esperaba encontrar una "guía para el líder" en lugar de esta "guía para el facilitador". ¿Por qué facilitador? Porque facilitar significa "hacer que algo sea más fácil". El líder muestra el camino; el facilitador prepara el camino. Jesús estará guiando este estudio y mostrando el camino cada día. Usted será lo que usted es: un vaso escogido para facilitar el trayecto. Cristo lo ha colocado en esta posición vital para obrar por medio de usted a fin de preparar el camino para nuevas verdades y experiencias que tendrán los participantes cada semana, y para ayudarles a comprender la importancia de lo que han experimentado al incorporar cada experiencia en su nueva manera de caminar y vivir.

Esta guía proporciona el entorno y los elementos de la reunión semanal del grupo que le ayudarán a lograr los propósitos mencionados.

Grupos

Ore mientras camina es para ser usado principalmente por:
- Grupos en la iglesia local
- Estudiantes universitarios
- Grupos de misioneros voluntarios

Cualquier creyente puede tomar este libro y beneficiarse mucho de su estudio y aplicación, pero para aprovechar al máximo la experiencia es de vital importancia que el estudio sea realizado en comunidad. Si Dios le ha despertado el interés en las caminatas de oración y no tiene quien lo acompañe en este esfuerzo, considérese como el medio escogido para reunir a aquellos en quienes el Señor ya ha estado obrando y preparando para realizar caminatas de oración. Es preferible tener grupos pequeños de entre cuatro y doce personas. Quizá algunos de su clase de Escuela Dominical estén listos para recibir el reto de ser los que oran *en-el-mundo*. Ofrezca la oportunidad de aprender de qué se trata presentando este estudio como parte del currículo de discipulado en su iglesia. Utilícelo en estudios bíblicos de grupos pequeños que ya son parte del ministerio estudiantil o utilícelo como una parte fundamental de la capacitación de equipos misioneros. Reúna a los que ya son personas de oración y realicen juntos el estudio. Los grupos femeniles misioneros y los que realizan ministerios especiales tendrán interés en este estudio. Pídales a los ancianos o diáconos de la iglesia que profundicen su caminar con Cristo y aumenten la efectividad de su ministerio realizando el estudio en conjunto. Dios está llamando a su pueblo para que salga al mundo con el fin de interceder en oración *in situ*. Él lo usará para lograr este fin. Pídale que le muestre el grupo del cual usted será facilitador.

Estructura

Si todavía no ha leído la introducción de este libro, vuelva a la primera página y léala ahora, antes de seguir adelante.

Ahora que ya ha leído la introducción, cuenta con una comprensión básica de qué es un oracaminante y con qué propósito ha de ser usado el estudio de *Ore mientras camina*.

Primera reunión

Puede realizar una reunión preliminar de su grupo en cualquier momento durante la semana antes de que realmente comience el estudio, aunque sería preferible realizarla hacia o durante el fin de semana. Solo toma una hora. El siguiente bosquejo es una sugerencia para la reunión preliminar.

1. Empiece con una bienvenida y asegúrese de que todos se conocen.
2. Luego guíe al grupo en oración, exaltando a Dios y comprometiéndose a que todos serán sus siervos. Pídale específicamente que los una como grupo durante es-

te estudio y convierta a cada uno en un oracaminante.
3. Reparta ejemplares del libro.
4. Usando la introducción como base, explique lo básico en cuanto a las caminatas de oración y su historia.
5. Luego, usando la sección "Sobre este estudio", empiece a explicar los aspectos individuales y grupales del estudio. Haga que los participantes abran su ejemplar del libro en el estudio del primer día y vayan leyendo a medida que usted lo explica. Conteste cualquier pregunta que pueda surgir.
6. Cuando todos hayan comprendido sus responsabilidades personales de cada día, explique las reuniones grupales que realizarán los fines de semana. Tendrán que dedicar dos horas para cada reunión de fin de semana. Lo ideal es encontrar un tiempo que pueda permanecer constante a lo largo del estudio. (Recuerde que una parte de la reunión de su grupo cada semana, empezando la segunda semana, será una caminata de oración; por lo tanto considere la necesidad de que sus reuniones sean de día. Además, al comienzo pueden reunirse en el templo, pero para la tercera semana pueden reunirse en distintos lugares cercanos a donde realizarán la caminata de oración.)
7. Pida a los integrantes del grupo que se comprometan los unos con los otros a ser fieles en completar su estudio diario cada mañana de la semana, y pídales que se comprometan a orar los unos por los otros al ir estableciendo esta disciplina. Enfatice que la reunión semanal del grupo incluirá diálogos sobre sus experiencias con el material bíblico y su aplicación en la vida diaria a medida que van siendo oracaminantes.
8. Anímelos a memorizar el versículo clave de cada semana y recuérdeles que lleven su ejemplar de este libro y su Biblia a cada reunión semanal.
9. Concluya con un momento de oración; pida a dos o tres participantes que los guíen en oración. Ya que conoce a los integrantes de su grupo, quizá quiera pedirles esto con anterioridad a fin de que estén pre-

parados para dirigir la oración. Concluya el momento de oración pidiendo la ayuda de Dios y que su voluntad sea hecha en la vida de cada uno al comenzar juntos este camino.

Nota: Como facilitador, coloque el orar diariamente como una de sus primeras prioridades; ore por cada integrante del grupo por nombre al abocarse a cumplir las actividades sugeridas para la semana. Pídale particularmente a Dios que si hay algún integrante que no conoce a Cristo como su Salvador personal le convenza de pecado y le muestre su verdadera condición y la salvación que Dios ha provisto para él. Ore pidiendo que esta persona llegue a ser salva.

Semana 1: El caminar con Dios

Reúnanse y oren

Cuando todos hayan llegado, empiecen con un momento dedicado a dar gracias a Dios por las maneras como ha demostrado personalmente su amor y gracia en la vida de cada uno durante la semana pasada. Anime amablemente a cada uno para que ore en voz alta si se anima a hacerlo. Exalten a Dios con expresiones de alabanza al adorarlo en conjunto.

Repasen y respondan

Pregunte cuál fue el versículo clave de esta semana. Si tiene un pizarrón, escríbalo allí a medida que lo recitan.

Dialoguen sobre las tres partes clave del versículo. Destaque lo que hemos de amar, cómo hemos de relacionarnos con los demás y qué caracterizará nuestra vida ante Dios. Guíe el diálogo con preguntas como las siguientes:

- ¿Para qué nos creó Dios en el principio? (para caminar con él)
- ¿Cómo se perdió este gran privilegio?
- ¿Hay esperanza de volver a nuestro propósito original?
- ¿Cómo? ¿Por medio de quién?

Ahora, pase a "Invitación especial" en la semana 1, p. 25.

Pregunte a los participantes cuál es su respuesta a esta invitación. Deles oportunidad de expresar públicamente el testimonio de su salvación en Cristo. Si lo hacen, tómese un momento para felicitarlos y confirmarlos en su nueva vida en Cristo. Tengan un momento de acción de gracias. Ahora pregunte:

- Como nuevas creaciones en Cristo, ¿cómo hemos de vivir nuestra vida cotidiana?
- ¿Debemos "actuar" como Jesús o "ser" como Jesús?
- ¿Cómo podemos "ser"?
- ¿Cuáles son los tres elementos de ayuda que descubrimos? (la Palabra, la fe, y la oración).

- ¿A quién ha enviado Jesús para realizar la transformación constante en nosotros?

Pasen ahora a repasar las experiencias relacionadas con "A lo largo del día". Dígales que cada día después de completar el estudio matutino, tenían una tarea titulada: "A lo largo del día". Hágales las siguientes preguntas:
- ¿Qué tal les fue con esta parte?
- ¿Les resultó difícil? ¿Difícil de mantenerse enfocados? ¿Por qué?
- ¿Qué les resultó más fácil? ¿Por qué?

Ahora fíjense en el día 4 y dialoguen sobre las palabras de C. S. Lewis.
- ¿Cómo debemos responder a la obra transformadora del Espíritu en nosotros?
- ¿Se encontró conque se resistía o no le gustaba algo de la obra que el Espíritu Santo ha intentado hacer en usted? ¿Qué? ¿Cómo?

Ahora fíjense en el día 5 y hablen de las palabras de Jesús en Juan 15:1-5.
- ¿Cómo se describe a sí mismo? ¿Y a nosotros?
- ¿Cuál es el elemento esencial que asegura que su vida nos llena y fluye en nosotros?

Ahora veamos las preguntas del día 5 bajo: "A lo largo del día".
- Dialoguen sobre cualquier punto de resistencia que haya aparecido durante la semana.
- Hable de por qué nos resistimos a la obra del Espíritu Santo en nosotros.

Por último, consideremos las "Reflexiones vespertinas" de esta semana.
- ¿Se pudo disciplinar para hacer esto?
- ¿Por qué le resultó difícil? ¿Fácil?
- ¿Cuáles son los beneficios?

Recalque que en las semanas subsiguientes no dedicarán tanto tiempo al repaso del estudio de la semana anterior. Enfatice la importancia de ser diligentes en completar todos los aspectos del estudio diario y de disciplinarse a lo largo de cada día a la luz de los pensamientos y sugerencias dados como guía.

Semana 1

Conclusión

Sea sensible de manera que pueda dirigir el momento de oración final de acuerdo con las experiencias personales que los participantes tuvieron por medio del estudio. Es muy probable que haya motivo de regocijo. Algunos pueden necesitar apoyo y aliento. Las necesidades personales pueden mostrar la oportunidad de ministrar por medio de la oración a favor de otros.

Concluya este momento con expresiones de gratitud a Dios por su amor redentor y de afirmación de su compromiso de seguirle marchando hacia adelante, dejando que obre en cada uno como él lo desea.

Antes de que se retiren, recuérdeles a los presentes que la próxima semana participarán en su primera caminata de oración como grupo. A fin de prepararse, pídales que repasen el bosquejo de preparación para esta actividad que se encuentra en la página 131. Exhórtelos a que demuestren cuidado en cómo responden al Espíritu Santo al prepararles para ser vasos útiles en esta caminata de oración. Además, recuérdeles que se vistan para el caso, con calzado cómodo para caminar.

Asegúrese de que la reunión de la próxima semana se realice en un lugar desde donde el grupo pueda salir y estar directamente en el área donde realizarán su caminata de oración. Esto es importante para ahorrar el tiempo que se necesitaría para trasladarse a otro lugar.

Semana 2: Seguidores de Jesús como oracaminantes

Reúnanse y oren

Cuando el grupo se haya aquietado, guíe a los participantes en un momento de oración; que agradezcan a Dios por su obra en ellos y por lo que les enseñó durante la semana pasada. Anímelos a orar basándose en las experiencias de la semana pasada y pídale a Dios que les guíe al realizar su primera caminata de oración.

Repasen y respondan

Haga hincapié en el versículo clave de esta semana. Destaque la verdad de que cuando seguimos a Cristo, nunca caminamos en la oscuridad sino que tenemos luz y vida.

Dele a cada uno la oportunidad de decir una verdad importante que Dios les haya enseñado durante la semana pasada. Luego pídales que exterioricen un punto con el cual están luchando en su caminar con Cristo. En caso necesario, ayúdense mutuamente y deténganse y oren si la situación lo amerita.

Ahora pregúnteles cuáles son los tres tipos de caminatas de oración. ¿Cuál es primordial para que los otros dos tipos sean efectivos? ¿Por qué?

Caminata de oración

Ha llegado el momento para que los participantes del grupo salgan simultáneamente a realizar su primera caminata de oración intencional. Pídales que abran el ejemplar del libro *Ore mientras camina,* en la página 131. Repase con ellos los pasos básicos en la sección: "Salga a caminar".

Pídales a los presentes que formen parejas. Los casados deben ir con su cónyuge o con alguien de su mismo sexo. Programe cuarenta y cinco minutos para la caminata de oración. Pídales a los equipos que se dispersen y vayan en distintas direcciones. Anímelos a caminar con lentitud, dete-

Guía para el facilitador

niéndose según sea necesario. Recuérdeles que permanezcan atentos a la orientación del Espíritu Santo y oren de acuerdo con ella. Acuerden una hora para estar de regreso en el lugar de reunión. Indíqueles que empiecen a orar en voz alta en cuanto estén en la calle: "Señor, guíanos, úsanos, enséñanos". Él lo hará.

Ahora pídales a todos que se pongan de pie. Sin decirles que inclinen su rostro y cierren los ojos, empiece a orar por los equipos, teniendo sus ojos abiertos y su cabeza levantada. Esto comenzará a sensibilizar a los participantes con respecto a esta nueva actitud al orar.

Según haga frío o calor, tenga listas bebidas calientes o frías para cuando regresen. Al volver a reunirse, dé lugar a cada participante del grupo para que cuente sus experiencias en esta primera caminata de oración.

- Estimule el intercambio de ideas y experiencias.
- Dé atención a lo que el Espíritu Santo les reveló o dijo.
- ¿Cómo respondieron ellos?
- ¿Hubo alguien que no sintió la orientación del Espíritu Santo?
- ¿Qué aspectos de estas dos primeras semanas de estudio fueron de particular importancia?
- ¿Le dio Dios un pasaje bíblico en particular que guió o iluminó su oración?

Conclusión

Al prepararse para completar esta sesión, exhórtelos a todos a continuar con las disciplinas de los primeros días de estudio. Dígales que está orando por ellos al luchar con cualquier pecado que obstaculiza su caminar con el Señor. Si lo considera apropiado, comparta con los presentes algo con lo cual usted está luchando o ha luchado y pídales sus oraciones. Concluya con una oración, guiándolos a dar gracias a Dios los unos por los otros y por haberlos reunido para vivir esta experiencia. Interceda personalmente por cualquier participante que enfrenta desafíos. Alaben a Dios con acción de gracias y pídanle que les continúe enseñando y haciendo su obra en la vida de cada integrante del grupo.

Recuérdeles dónde será la reunión de la próxima semana.

Nota: Es importante que planifique con tiempo las caminatas de oración semanales del grupo. Hay varias maneras de hacerlo.

Piense estratégicamente. ¿Adónde ha estado guiando Dios a su grupo o iglesia? Puede ser un área que necesita una nueva iglesia, un lugar en la universidad para un estudio bíblico u otra actividad que atraiga a estudiantes, un sector que podría ser una posibilidad para una nueva obra misionera. Programe llevar al grupo al lugar escogido para realizar allí su reunión y luego hacer la caminata de oración en esa área.

Reúnanse en la casa de distintos participantes. De esa manera, harán una caminata de oración en un vecindario distinto cada semana.

Reserve un salón público en la comunidad. Reúnanse allí y luego lleven a cabo la caminata de oración.

Piense en los que integran su grupo para ver qué medios ya les ha dado Dios para tener un acceso estratégico a diferentes sectores de la sociedad. Un integrante quizá trabaje para el gobierno o en un hospital y puede reservar la sala de reunión de su lugar de trabajo. Hagan la caminata de oración por los pasillos y distintos pisos del edificio.

Llame por teléfono al pastor de una iglesia cuyos miembros sean de un trasfondo racial o étnico distinto al de ustedes, y pida permiso para reunirse una semana en el templo de ellos. Pregunte dónde y cómo orar para interceder por ese vecindario. Si el tiempo lo permite, consideren la posibilidad de reunirse al aire libre una semana en un lugar donde tengan una vista panorámica de la ciudad y oren allí.

Hay muchas más posibilidades para realizar caminatas de oración de las que tendrá tiempo para investigar. Sea receptivo y original, y pídale a Dios que le muestre en qué lugar particular él quiere que su grupo eleve oraciones de intercesión.

Semana 3: Cómo orar por la voluntad de Dios para el mundo

Reúnanse y oren

Preste atención a las conversaciones a medida que los participantes van llegando; vea si puede encontrar sus primeras palabras de orientación para el grupo en algo de lo que alguno de ellos está contando en relación con el estudio. Pídales que se aquieten y, al inclinarse ante el Señor, invite a todos a que expresen oraciones que broten de su nuevo caminar con Dios. Concluya este momento de oración dándole gracias a Dios por su obra de amor en ustedes y pídale que la continúe realizando a través de la reunión y de la caminata de oración.

Repasen y respondan

Repasen los versículos clave de esta semana. Empiece a estimular un diálogo sobre las verdades centrales de los estudios de esta semana y su impacto e implicaciones personales.

- ¿Cómo resultó esta semana al empezar conscientemente a escuchar a Dios y responderle?
- ¿Hubo alguna dificultad?
- Cuando se dio cuenta de que Dios le hablaba, ¿qué hizo? ¿Respondió? ¿Se resistió? (Si hubo resistencia, dé tiempo para dialogar sobre el asunto.)
- ¿Cuál era el testimonio contra el pueblo de Israel? (Sal. 106:13)
- ¿Fue difícil esperar en el Señor? ¿Por qué?
- ¿Le mostró Cristo algún aspecto en que su vida está en oposición a la vida de él en usted?
- ¿Qué debe hacer usted al respecto?

Dialoguen ahora sobre la nueva experiencia de esta semana de empezar a realizar pequeñas caminatas de oración personales diariamente. Estimule a los presentes a contar sus experiencias.

Pasen a dialogar sobre algunas de las promesas de Dios y el privilegio que representa el acto de bendecir.

- ¿Qué significa una promesa para usted?
- ¿Qué siente y qué opina de alguien cuando cumple una promesa que le hizo a usted?
- ¿Qué promesas le dio Dios a usted esta semana mientras oraba y caminaba en oración?
- Dé un ejemplo de cómo oró a la luz de algunas de esas promesas.
- En el último día de esta semana estudiamos sobre las bendiciones. ¿Cuál fue su reacción ante esto?
- ¿Qué es una bendición?
- ¿Cuál es el requisito importante para que haya receptividad hacia nuestra bendición?
- Repasen la bendición de Números 6:24-26 como preparación para la caminata de oración de su grupo.

Caminata de oración

Presente la caminata de oración programada y deles instrucciones según sea necesario. Si están en un área nueva, tendrá que dar algunas indicaciones.

Repasen los aspectos básicos de las instrucciones "Salga a caminar" presentadas la semana pasada; conteste preguntas y clarifique cualquier duda.

Deje que los participantes vayan con una persona o un equipo distinto si lo prefieren. Seguir con la misma pareja tanto como orar con otra tiene sus beneficios. Deles oportunidad para que escojan lo que ellos prefieran. Los equipos de dos son muy efectivos en las caminatas de oración. Por lo general, las veredas (banquetas) no son lo suficientemente anchas como para que caminen más de dos a la par. Dos pueden caminar juntos y oírse fácilmente al hablar y al caminar. Además, dos atraen menos atención que un equipo más numeroso. Si el grupo es impar, está bien tener equipos de tres.

Si surgen preguntas sobre por qué los casados deben caminar con alguien de su mismo sexo o con su cónyuge, recuérdeles que la oración es una de las actividades humanas más íntimas y la santidad del matrimonio puede comprometerse por medio de las prolongadas experiencias de oración que brindan las caminatas de oración.

Guía para el facilitador

Inste al grupo a permanecer especialmente atento a fin de orar las promesas de Dios al caminar y de expresar las bendiciones de Dios sobre las personas.

Programe cuarenta y cinco minutos para la caminata de oración y el tiempo necesario para volver a reunirse. Si es posible, tenga listo un refrigerio apropiado.

Ahora, pónganse de pie y pídale a uno de los presentes que los guíe en oración al disponerse a salir a caminar. Recuérdeles a todos que oren con la cabeza en alto y con los ojos abiertos.

Cuando el grupo haya vuelto a reunirse, dediquen un momento a intercambiar experiencias sobre la caminata de oración. Un elemento nuevo que queremos presentar es el de empezar a escuchar lo que Dios les está diciendo a y por medio de los participantes. Él revelará sus anhelos y su voluntad, y dónde está obrando en ese vecindario. El grupo tiene que reconocer esto y estar atento para percibir cuándo Dios está manifestando algo específico a través del grupo. Como grupo, tomen nota de ello cuando ocurra y tomen medidas al respecto, o compártanlo con uno de los líderes de la iglesia o con el pastor. En algunos casos, Dios puede guiar a un grupo que está realizando el estudio de *Ore mientras camina* a caminar orando en el mismo lugar todas las semanas en anticipación de una obra nueva que él realizará allí. Obedezcan.

En este momento después de la caminata de oración, ayude a los participantes a comprender cómo Dios los está utilizando para extender su reino en algún sector.

Anímelos a ayudarse mutuamente al experimentar más profundamente el amor de Dios y su anhelo por las personas.

Pídales que cuenten lo que sienten a medida que caminan en oración, tanto individualmente como en conjunto.

Conclusión

En su oración de despedida, pida particularmente la ayuda de Dios para que el grupo siga disciplinado en su estudio y actividades cotidianas. Concluya bendiciendo al grupo con elementos de la bendición en 1 Reyes 8:56-61.

Nota: La próxima semana será una semana decisiva al ver cómo Dios transforma a los integrantes del grupo en hombres y mujeres que siguen a Cristo totalmente. El día 3 será particularmente crítico.

Sea fiel en orar cada día de esta semana intercediendo por todos los participantes a fin de que Dios los prepare para responder obedientemente sea cual fuere el dolor o el costo.

Semana 3

Semana 4: Caminatas de oración como un ministerio en la comunidad

Reúnanse y oren

Lea el versículo clave de esta semana al preparar al grupo para dar comienzo a la reunión e inclinarse ante Dios. Luego pídale a dos o tres participantes que expresen en voz alta los pensamientos y deseos del grupo con palabras de gratitud por Jesús que es la Luz del mundo, por su vida en nosotros y por la manera como la gente lo vio a él y a su obra de gracia en los integrantes del grupo esta semana pasada.

Repasen y respondan

Empiece preguntando cómo va la disciplina de la "Reflexión vespertina". Es posible que algunos del grupo se estén atrasando ya un poco. Recalque la importancia de estar quietos ante Dios a fin de repasar lo sucedido durante el día y verlo a él en lo que han vivido. Recuérdeles cuánto se complace él de nuestro agradecimiento. Asegúrese de que los que marchan bien, lo expresen en este momento como un aliento para los demás.

Ahora inicie el momento de diálogo enfocando la orientación de nuestra adoración y nuestro servicio —es decir, Dios, no el hombre. Pida a los presentes que cuenten lo que aprendieron esta semana sobre adoración. ¿Qué sucede cuando adoramos al Señor? (Sal. 22:3). Guíelos a dialogar sobre esta perspectiva. Pregúnteles:
• ¿Qué significa "seguir mirando hacia abajo"?
• ¿Qué situación ha estado usted viendo desde la perspectiva del mundo, pero esta semana empezó a verla desde la perspectiva del cielo?

Con cuidado, pase a dialogar sobre el enfoque del día 3. Dígales: ¿Recuerdan la madre abandonada por su esposo que salió con otra señora de la iglesia para realizar una caminata de oración y descubrió que el área donde Dios les había enviado era justamente donde vivía su esposo con su amante? Pregúnteles: ¿Le mostró Dios esta semana alguna barricada en su vida que usted no ha estado dispuesto a que él se la quite?

Deje que aquí haya silencio. No pase a otro punto con rapidez. Es muy probable que Dios haya estado obrando en muchos y este es el momento cuando se tomarán y confirmarán las decisiones de perdonar y desprenderse de los obstáculos. Asegúrese de que este sea un momento propicio para que esto pueda suceder. Ayúdense mutuamente y oren los unos por los otros según sea necesario.

Es muy posible que quiera usted tener un momento para orar dando gracias y alabando a Dios por su amor liberador. Hágalo.

Recuérdeles la oportunidad singular del chofer del camión recolector de basura; investigue con el grupo las oportunidades especiales que Dios les ha dado para orar *in situ* de su comunidad. Asegúrese de que cada uno comprenda por lo menos una manera como puede ser un oracaminante incidental. Ayúdense unos a otros para lograr esta percepción.

Caminata de oración

Al prepararse para la caminata de oración de este fin de semana, pregunte a los participantes si tuvieron en sus caminatas de oración personales esta semana un encuentro que les haya brindado la oportunidad de preguntarle a alguien personalmente si podían orar por él. Permítales que compartan estas experiencias.

Ahora deles indicaciones e información según sea necesario para realizar la caminata de oración de esta semana. Aplique el mismo tiempo y los mismos parámetros esta semana y cada semana. Vea si hay alguna pregunta y, si no la hay, haga que se pongan de pie (a estas alturas ya deben estar acostumbrados a orar con la cabeza en alto y los ojos abiertos) y pídale a alguien que ore para salir con una oración de promesa y fe.

Tenga preparado un refrigerio para cuando regresen y reúnalos lo más rápidamente posible.

Empiecen a repasar lo sucedido en esta caminata de oración. Recuérdeles que sigan escuchando la voz de Dios en los testimonios. A medida que los participantes hablan de su experiencia, permanezca atento para mencionar verdades que ya aprendieron en los estudios de la semana pasada. Recálquelas cada vez que pueda. Tenga cuidado de que la sesión esté dentro de las dos horas acordadas.

Conclusión

Concluya la reunión de esta semana leyendo en voz alta Lucas 9:57-62. Haga que sus últimas palabras sean las del versículo 57: "¡Te seguiré a dondequiera que vayas!".

Ore por el grupo, confesando su deseo de seguir a Cristo de verdad y completamente, y ruegue que los ayude en cualquier aspecto que represente una lucha.

Semana 5: Caminatas de oración y la oposición del enemigo

Reúnanse y oren

Nuevamente empiece leyendo el versículo clave de la semana. Pídales a los presentes que unan sus corazones y voces para alabar a Dios por su victoria sobre el enemigo por medio de Jesús, y exalten a Cristo por su fidelidad, aun hasta la muerte, a fin de librarnos del pecado, la muerte y el diablo. Ruegue a Dios que haga su voluntad con el grupo y por medio de él hoy al salir a orar.

Repasen y respondan

Pídale a cada uno que diga qué llegó a ser lo más real para él esta semana al estudiar el tema de la guerra espiritual. Luego que lo hayan hecho, pregúnteles:
- ¿Cómo respondía a los ataques la iglesia del Nuevo Testamento?
- ¿Cómo oraban aquellos creyentes?
- ¿Cómo, entonces, seguían viviendo?

Reitéreles la importancia de no prestarse al diálogo o a las disputas con el enemigo. Que no le den ese gusto, que permanezcan enfocados en Cristo y en comunión constante con él.
- ¿Cuáles eran los cuatro elementos centrales de la estrategia de la guerra espiritual de la iglesia del Nuevo Testamento?
- ¿Cuál de estos les sorprendió más al descubrirlo?
- ¿Han incorporado cada uno de los cuatro elementos en su propia vida?
- ¿Cuáles les faltan?

Ahora pase a enfocar la experiencia personal de los participantes.
- ¿Ha vivido alguno del grupo una guerra espiritual esta semana?
- ¿Quiere contarnos qué pasó?
- ¿Respondió usted correctamente al ataque?

Repase ahora las tres fuerzas principales que son obstáculos para seguir a Jesús.
- ¿Cuáles son?
- ¿Qué piezas de la armadura se relacionan particularmente con cada una de ellas?

Caminata de oración

Recuérdeles a los presentes que toda oración intercesora es una guerra espiritual, y que las caminatas de oración son una intercesión invasora. Deles fuerza con este recordatorio a fin de que estén atentos a esta realidad y preparados con todas las piezas de la armadura en su lugar.

Deles indicaciones apropiadas e información específica relacionadas con la caminata de oración de este día. Si hay algún temor o ansiedad, combátanlos con oración. Antes de que el equipo ore y salga, pídales que lean el Salmo 31:14. Guíelos a través de las tres confesiones-declaraciones: "He confiado en ti", "Tú eres mi Dios", "En tus manos están mis tiempos".

Pónganse de pie y oren, encomendando al equipo a las manos poderosas de Dios, regocijándose en la siempre presente victoria en Cristo y orando por que el reino de Dios venga y que la voluntad de Dios sea hecha en sus vidas y en el área donde van a caminar orando.

Cuando los equipos hayan regresado y disfrutado de un breve refrigerio, tomen asiento y comiencen a hablar de la caminata de oración y el enfoque de esta semana. Asegúrese de que sea en Jesús en quien enfocan toda la atención, y que el enemigo no reciba nada de atención. Fortalezca la fe de los participantes con versículos bíblicos y testimonios. Prepárese para concluir leyendo nuevamente Efesios 6:18-20. Reitéreles la necesidad de orar sin cesar y de estar en comunión con Cristo, siempre atentos y hablando con valentía y cortesía sobre la verdad en las situaciones y las vidas sensibilizadas.

Hágales notar cualquier orientación específica que Dios pueda haberles dado y recuérdeles que deben comunicársela a los respectivos líderes. Haga ajustes en los planes de caminatas de oración futuras, según Dios le guíe.

Conclusión

Aliente al grupo por su fidelidad al iniciar esta última semana del estudio de *Ore mientras camina*. Regocíjense juntos por lo que Dios ha hecho en ellos y por medio de ellos y cómo él ha obrado en sus vidas. Agradézcanle por la nueva libertad que él les ha dado y el estrecho vínculo que existe en el grupo. Oren los unos por los otros y comprométanse a terminar este estudio con diligencia y fe renovadas. Pídanle específicamente que les otorgue la gracia de percibir cualquier punto de resistencia al señorío de Cristo que pueda haber todavía, y se arrepientan. Exalten juntos al Señor.

Semana 6: Caminatas de oración para que *todo* el mundo sepa

Reúnanse y oren

Al comenzar esta última sesión juntos como grupo, recuerden todas las experiencias que han compartido. Presente brevemente las más destacadas y deje que ellas motiven el momento de alabanza y oración grupal.

Repasen y respondan

Esta última ocasión para compartir y reflexionar es muy importante para ayudar a los participantes a reconocer hacia dónde Dios puede estar guiándolos con respecto a actividades e iniciativas de caminatas de oración específicas en el futuro. Sea sensible a fin de darle suficiente tiempo a cada una de las secciones que aparecen más adelante. Tenga en cuenta lo que los integrantes del grupo estiman que Dios les ha dicho y mostrado, a fin de pasar luego la información a la persona o personas apropiadas. Empiece por preguntar:

- La oración y las caminatas de oración, ¿ocupan el lugar vital que les corresponde en nuestra iglesia o nuestro grupo de ministerio?
- Si la respuesta es negativa, ¿por qué no?

En nuestra iglesia o grupo de ministerio:

- ¿Nos ha dicho o mostrado Dios algo específico que debemos considerar con cuidado para cambiar o incluir en nuestro grupo o iglesia?
- ¿Qué?

En nuestra propia comunidad:

- ¿Qué nos ha mostrado Dios que quiere que hagamos con la oración y por medio de ella aquí mismo *in situ*?

En nuestra ciudad:

- ¿De qué modos puede estar guiándonos Dios para que nos unamos en oración con otros creyentes con el fin de cubrir a toda nuestra ciudad con oraciones intercesoras elevadas regular y fielmente *in situ*?

En nuestro mundo:
- ¿Qué nos ha dicho en cuanto a nuestro mundo?
- ¿Adónde estará guiando a ir a nuestra iglesia o al grupo de ministerio, y adónde nos estará guiando para realizar caminatas de oración y preparar el camino del Señor?

Caminata de oración

Al prepararse ahora para salir en su última caminata de oración como grupo, pida a los participantes que digan una o dos cosas destacadas de las caminatas de oración anteriores. Regocíjense juntos por lo que Dios hizo y recuérdele al grupo que él anhela seguir realizando este tipo de obra en y por medio de cada uno de ellos, al continuar dedicándose a ser sus seguidores fieles y llenos del Espíritu Santo que elevan oraciones intercesoras en los sitios donde esperan la victoria.

Deles indicaciones para la caminata de oración de hoy y luego pónganse de pie para la oración de dedicación.

Cuando regresen los equipos, reúnanse y comenten una vez más las experiencias de los diversos equipos.

Puntualice lo siguiente: Siempre es importante volver a reunirse después de las caminatas de oración intencionales y dar testimonio de lo que Dios hizo y dijo. Una razón para hacerlo es que esto permite que el Cuerpo de Cristo lo alabe y le agradezca. Es también de mucho poder para alentar a los creyentes viendo que Dios está activo y presente en su mundo y que quiere hablarles y utilizarles. En último lugar, la iglesia necesita aprender a escuchar a Dios a través de unos y otros, al hablar él a su cuerpo y por medio de su cuerpo. Escuchar las oraciones de otros y sus testimonios de cómo Dios se ha revelado es vital para tener una vida sana como iglesia.

Conclusión

Al prepararse para concluir esta última sesión, exprese al grupo dos cosas muy importantes y confirmadoras.

Lea Isaías 30:21: "… ¡'Este es el camino; andad por él' ". ¡Sí!

Al continuar siguiendo a Cristo en un camino de oración

y fe sin vacilaciones, recuerde una responsabilidad que ahora tenemos. Lea 2 Timoteo 2:2: "Lo que oíste de parte mía mediante muchos testigos, esto encarga a hombres fieles que sean idóneos para enseñar también a otros".

Sea fiel en llevar a otros creyentes en caminatas de oración con usted y enséñeles los conceptos básicos de lo que Dios le ha enseñado durante estas semanas. Esté listo y dispuesto para facilitar otro grupo *Ore mientras camina* a medida que Dios sigue haciendo de su iglesia una iglesia de oración y de caminatas de oración.

Concluyan tomándose de las manos y comprometiéndose a seguir al Señor dondequiera que él les guíe y a orar hasta que su reino haya venido a toda la tierra.

Amén y que Dios los bendiga.

Nota final para los facilitadores

Muchísimas gracias por darse a sí mismo de manera que Dios pueda glorificarse y exaltar a Jesús. Usted ya sabe que la bendición que ha recibido por medio de esta experiencia ha sido multiplicada por Dios. Sería para mí una bendición saber de sus experiencias y testimonios de lo que Dios ha hecho con este grupo en particular y por medio de su participación y la participación de su iglesia en caminatas de oración. También agradecería sus sugerencias. Puede escribirme a:

Randy Sprinkle
International Prayer Strategy Office
Box 6767
Richmond, Virginia 23230
EE. UU. de A.

Nuevamente muchas gracias y que usted sea lleno de gracia.

Randy Sprinkle